Assessoria de Imprensa
como fazer

Dados Internacionais de Catalogação na Publicação (CIP)
(Câmara Brasileira do Livro, SP, Brasil)

Chinem, Rivaldo
  Assessoria de imprensa: como fazer / Rivaldo Chinem. –
São Paulo : Summus, 2003.

  Bibliografia
  ISBN 978-85-323-0832-0

  1. Assessoria de imprensa 2. Comunicação nas organizações 3. Ética jornalística I. Título.

03-3489   CDD-659.29070

Índice para catálogo sistemático:

1. Assessoria de imprensa : Comunicação organizacional :
    Administração 659.29070

Compre em lugar de fotocopiar.
Cada real que você dá por um livro recompensa seus autores
e os convida a produzir mais sobre o tema;
incentiva seus editores a encomendar, traduzir e publicar
outras obras sobre o assunto;
e paga aos livreiros por estocar e levar até você livros
para a sua informação e o seu entretenimento.
Cada real que você dá pela fotocópia não autorizada de um livro
financia o crime
e ajuda a matar a produção intelectual de seu país.

Assessoria de Imprensa
como fazer

Rivaldo Chinem

**summus
editorial**

ASSESSORIA DE IMPRENSA
como fazer
Copyright © 2003 by Rivaldo Chinem
Direitos desta edição reservados por Summus Editorial

Capa: **Magno Paganelli**
Editoração e fotolitos: **All Print**

Summus Editorial
Departamento editorial:
Rua Itapicuru, 613 – 7º andar
05006-000 – São Paulo – SP
Fone: (11) 3872-3322
Fax: (11) 3872-7476
http://www.summus.com.br
e-mail: summus@summus.com.br

Atendimento ao consumidor:
Summus Editorial
Fone: (11) 3865-9890

Vendas por atacado:
Fone: (11) 3873-8638
Fax: (11) 3873-7085
e-mail: vendas@summus.com.br

Impresso no Brasil

Sumário

Introdução 7

PARTE I   ESTRUTURA

1   O que é uma Assessoria de Imprensa 11
2   O que diferencia uma Assessoria de Imprensa de uma Agência de Publicidade 18
3   Os diferentes nomes 22
4   A divulgação jornalística 26
5   O malfadado "nada a declarar" e o "sem comentário" ... 30
6   Como planejar uma divulgação jornalística 33
7   Treinamento e orientação 37

PARTE II   MONTAGEM

8   Os primeiros passos de um trabalho 45
9   As notícias das empresas 49
10 Agilidade é fundamental 60
11 A redação das notícias da empresa 63
12 Os *press releases* 67
13 O que é importante na redação do material para a imprensa ... 70
14 Os *press kits* 73
15 As mídias impressas e as demais mídias 75
16 Sugestões de pauta 81
17 Espaço editorial e espaço publicitário 83

18 A mídia em tempo de crise 85
19 Relacionamento com a imprensa 90
20 Planejamento e promoção de evento especial 93
21 Quem vai ser o porta-voz?... 97
22 A divulgação ajuda ou atrapalha a imagem de uma empresa?.. 100
23 A divulgação abre mercado? 105

PARTE III ALVO

24 Divulgar o quê? Para quem?... 111
25 Que públicos se deve atingir? 113
26 Assessorias para públicos específicos....................................... 117
27 A ética profissional dos assessores 121
28 O conceito de verdade: isso vale para a empresa? 125
29 Estrutura das grandes redações.. 128
30 Os cuidados com a improvisação 137
31 Análises quantitativas e qualitativas.. 141
32 Os instrumentos de aferição 143
33 Assessorias internas e externas 149

Anexos 153
Referências bibliográficas 183

Introdução

Este livro foi escrito com o propósito de mostrar aos interessados – estudantes de comunicação, empresários, profissionais da mídia, lideranças e o público em geral – como funciona uma Assessoria de Imprensa – ou Assessoria de Comunicação, como alguns especialistas gostam de rotular. Assessoria de Imprensa é o setor de uma companhia que trabalha com a comunicação empresarial, ou comunicação corporativa, ou ainda comunicação organizacional – termo que muitos teóricos preferem usar cada um a seu modo.

Não importa a forma como vamos nos referir a uma Assessoria de Imprensa que, com o tempo, passou por inúmeras transformações – alguns profissionais saíram das companhias e montaram suas próprias firmas que ganharam *status* de empresa autônoma, prestadora de serviços, geraram receita, cresceram e estão no *ranking* das maiores e melhores, mas como originalmente ela se chamou assim, e é dessa forma que é mais conhecida no meio em que atuam, vamos manter esse mesmo nome ao longo do trabalho.

Só podemos entender a comunicação, que é o objetivo das Assessorias de Imprensa, se a colocarmos dentro de um contexto bem mais amplo do que somente conceituar e refletir sobre os seus fundamentos.

Mais do que estudar, do que pensar o que uma Assessoria de Imprensa é em sua essência, vamos ver como elas trabalham, como é a sua prática, a sua rotina, o seu dia-a-dia.

Assessorias de Imprensa são como as agências de publicidade, já bastante conhecidas pelo grande público: surgem, crescem, evoluem, aliam-se às transnacionais e, em alguns casos, desaparecem, motivadas por problemas que escapam muitas vezes às lógicas dos fatos – mas, convenhamos, tudo na vida (e nas empresas) é assim mesmo. Ainda bem que outras Assessorias de Imprensa se dão bem, geram produtos, movimentam o mercado e tornam-se até modelos de empresa.

Neste livro há considerações importantes a respeito da atualidade, dos problemas e da responsabilidade social das Assessorias de Imprensa que tanto podem ter um só funcionário como empregar dezenas de profissionais.

Para compreender o que é uma Assessoria de Imprensa de uma corporação ou as Assessorias de Imprensa autônomas, que já são em maior número no mercado, temos primeiro que conhecer o que é a comunicação, situá-la em seu contexto histórico, econômico, social e político. Depois, alargar os horizontes considerando-se inúmeros fatores que os leitores verão a cada capítulo, aprofundados em seus detalhes.

Trata-se de um livro que fará você, leitor, conhecer um pouco e refletir sobre o que é uma Assessoria de Imprensa. Para tanto, será mostrado um pouco do seu trabalho diário, sua prática, sua rotina, e o que isso tudo implica como uma das inúmeras forças neste mundo de negócios em que ela atua como uma espécie de mola propulsora de serviços e torna a comunicação uma área estratégica de resultados, o que é essencial hoje em dia.

Parte I

Estrutura

1

O que é uma Assessoria de Imprensa

Não é possível ser jornalista sem se entender a sociedade.

I. F. STONE

Um olhar rápido pode definir muito bem o cenário que está à nossa frente. É preciso estar atento o tempo todo. O maior mercado de trabalho para os jornalistas brasileiros, a Assessoria de Imprensa, longe de executar uma tarefa rotineira, enfadonha e repetitiva, exige conhecimentos técnicos e uma consciência ética de suas influências na opinião pública. Incluída recentemente em currículos de algumas universidades, é uma área que exige muito – ao contrário do que muitos possam pensar –, pois requer do profissional de comunicação uma sistematização que lhe possibilite exercer a função com segurança e correção.

A modernização da sociedade trouxe ao ser humano a necessidade de obter cada vez mais informação, o que, em larga escala, levou ao desenvolvimento dos meios de comunicação de massa. Essa situação, por sua vez, também fez com que indivíduos e organizações passassem a vislumbrar no noticiário transmitido por jornais, revistas, emissoras de rádio, de televisão e na rede mundial de computadores a sua grande possibilidade de divulgar fatos e opiniões para a sociedade. Para intermediar e aprimorar esse processo, surgiu a Assessoria de Imprensa que, apesar de o nome sugerir, não está a serviço da imprensa mas faz o contato a partir da empresa e se relaciona permanentemente com ela.

Em certo período do país, tornou-se comum estender ao mundo das revistas a possibilidade de trabalho além das redações de jornais, as grandes empregadoras. O cenário também correspondia à expectativa por mais trabalho, e o ambiente era de certa forma turbulento, as máquinas de escrever eram barulhentas e havia muita movimentação, com um entra-e-sai de editores, repórteres, fotógrafos, diagramadores, paginadores, revisores, designers, pessoal da produção, secretárias, contínuos, enfim, todo um corpo que se concentrava e se resumia em uma só palavra: redação de revista.

O tempo passou e o que hoje se vê é somente um profissional trabalhando em uma sala apertada; quando não, apenas alguns minguados jornalistas exercendo mil tarefas ao mesmo tempo, com a incumbência de contratar o trabalho de outros colegas *freelancers*, ou seja, sem vínculo empregatício com a editora.

Além disso, nasciam e circulavam por algum tempo inúmeros títulos de revistas, com periodicidade entre semanal, quinzenal e mensal, abordando assuntos focados nas várias áreas do conhecimento.

O mercado de revistas encolheu em termos de possibilidade de emprego para os profissionais. Nas bancas costuma-se ver exposto um grande número de novas revistas que se segmentaram, ou seja, diversificaram seus títulos procurando atender cada público específico. Tem revista para criadores de peixes, de cães, para quem gosta de churrasco, flores, decoração, confeitos, bolos, meditação, espiritismo e penteado. Tem de tudo.

Mas as equipes que preparam essas revistas encolheram na mesma proporção em que a diversidade de seus títulos aumentaram.

Em síntese, os veículos de comunicação no que diz respeito ao mercado de revistas esgotaram suas possibilidades de trabalho.

Enquanto isso, cada empresa, sindicato, clube, associação de classe, entidade científica, religiosa ou cultural – enfim, toda instituição que surgia no país – criava uma vaga em potencial para a atuação do jornalista como assessor de imprensa.

E o que o assessor de imprensa faz, afinal de contas?

Em poucas palavras, podemos explicar que o assessor de imprensa é um profissional que mantém contato regular com as redações, conhecendo os jornalistas (repórteres, pauteiros, chefes de reportagem e editores), seus interesses e a rotina de seus trabalhos. Sabe como funciona os fluxos de produção e os horários de fechamento. Mas vai além, e sobre esse assunto discorreremos ao longo do livro.

Um intermediário

O dia-a-dia da informação é uma corrida implacável contra o relógio.

O contato da Assessoria de Imprensa com o veículo de comunicação é feito em primeiro lugar pelo encaminhamento de sugestão de pauta, detalhe que vamos examinar mais adiante.

Pensando em termos mais amplos, o profissional de Assessoria de Imprensa é um intermediário entre as informações disponíveis em uma organização e os diversos públicos que ela atinge, realizando, dessa forma, tarefas tão importantes e complexas quanto a dos colegas jornalistas atuantes nos veículos de comunicação.

Uma dúvida existencial paira sobre as cabeças desses profissionais quando trabalham em uma Assessoria de Imprensa: será que eles continuam a ser jornalistas? – mas tudo é uma questão de se aceitar como tal. Se o próprio jornalista, qualquer que seja o local em que trabalhe, não se sente jornalista, não dá para fazer nada por ele. Independentemente de estar empregado em um grande jornal ou em uma publicação de bairro, ele é o mesmo, assume a mesma tarefa e a executa com o mesmo zelo profissional.

A mesma situação acontece com outros profissionais que atuam em uma Assessoria de Imprensa, como os especializados na área de Relações Públicas ou de Publicidade. É como se perguntasse: publicitário é só aquele profissional que trabalha em uma agência de publicidade? – e, de preferência, em uma agência com grife. Ou ele é publicitário em qualquer circunstância, mesmo não atuando por um período em sua área?

O profissional de Assessoria de Imprensa estabelece estratégias que englobam iniciativas nas áreas de Jornalismo, Relações

Públicas e Publicidade e Propaganda, sem que haja necessariamente alguém de determinada área no comando – tanto pode ser um jornalista como um relações-públicas ou um publicitário.

A função do profissional que trabalha em uma Assessoria de Imprensa vai muito além, como veremos nos capítulos seguintes, porque a tarefa atribuída a ele é muito mais complexa e diversificada nos dias em que vivemos.

Embora seja possível utilizar os serviços de uma dessas três áreas isoladamente – por exemplo, um empresário divulgar seus produtos apenas por meio da publicidade –, somente com sua aplicação conjunta e integrada é que uma companhia poderá sentir resultados mais abrangentes e eficazes.

Um dos jargões utilizados nos meios jornalísticos diz que, quando o profissional de imprensa sai das redações dos jornais para trabalhar em empresas de Assessoria de Imprensa, ele foi atuar "do outro lado do balcão".

Todo jornalista que opta pelo trabalho em uma Assessoria de Imprensa, ou que um dia se descobre trabalhando na área por um desses mistérios insondáveis que ninguém arrisca decifrar e acaba se dando bem, deve dominar perfeitamente as normas relativas a essa atividade e ter um amplo conhecimento a respeito do jornalismo e da sociedade como um todo. Unindo a essa instrumentalização teórica e prática um comportamento ético, o assessor de imprensa terá condições de contribuir para que se estabeleça um fluxo de informações mais intenso e eficaz entre as instituições e seus numerosos públicos. Conceitos que explicam esse termo – públicos – serão vistos com detalhes a partir do Capítulo 25.

A era da comunicação total

Estamos entrando em uma nova era da comunicação com o mercado, a qual alguns teóricos chamam de comunicação total.

A comunicação total consiste no uso combinado de todas as formas de comunicação para atingir alvos determinados. Obviamente, cada tipo de negócio exige soluções próprias. Assuntos aparentemente triviais, se forem bem interpretados e trabalhados, tornam-se atraentes para a mídia. Mas é preciso trabalhar esse detalhe, e de preferência entregar a tarefa a um profissional, por estar mais apto a desempenhar a função.

Quem trabalha com comunicação sabe que informação tem uma função social, não deve ser apenas um negócio. Como toda função social, a informação não deve ficar sujeita ao arbítrio de quem a opera, porque a transformação da informação outorga poder, e toda a sociedade está vigilante e organiza-se para que esse poder seja socialmente exercido.

Se você, leitor, um dia teve a oportunidade de conhecer como era exercido o trabalho em uma Assessoria de Imprensa alguns anos atrás, pode esquecer o modelo tradicional.

O que se faz internacionalmente – e é nesse cenário que a atividade no Brasil deve ser pensada – é posicionar o relacionamento entre os veículos de comunicação e as instituições e empresas dentro dos inúmeros processos de comunicação organizacional com o conjunto de públicos fundamentais para o sucesso, devendo essa operação se dar como qualquer outro tipo de negócio. Entre os numerosos públicos, incluem-se os acionistas de todos os portes, comunidade, sindicatos, trabalhadores, fornecedores, acionistas, autoridades, organizações não-governamentais e, é claro, a imprensa local, regional, nacional e internacional.

A Assessoria de Imprensa está dentro do negócio maior da comunicação. E o jornalista deve aprender a trabalhar com os conceitos e as ações de relações públicas, publicidade, design, recursos humanos e outras ferramentas poderosas de construção de imagem. No fundo, ele deve sair de uma visão atrasada e corporativista e praticar a comunicação organizacional de forma integrada. E, mais do que isso, participar profissionalmente de um mercado que movimenta, no Brasil, anualmente, bilhões de reais.

As empresas que estão no mercado não são mais ingênuas. Conhecem muito bem a mídia ou têm noção de como ela atua; sabem como utilizar o seu interesse por notícias para impulsionar a imagem de seus clientes. Descobriram que se não trabalharem sua transcendência, se não tiverem um projeto simbólico, tendem a desaparecer.

Só para se ter uma idéia da grandiosidade do assunto que nos propomos a estudar neste livro: em 2002, o jornalista Eduardo Ribeiro calculou em cerca de mil o número de Assessorias de Imprensa atuando em São Paulo, o maior mercado do Brasil, que tem cerca de 1.500 empresas, aí incluídas as assessorias internas dos órgãos e das empresas governamentais e as grandes companhias que atuam no mercado aberto.

Uma publicação especializada, que circula semanalmente nas redações de jornais, assessorias de imprensa e agências de publicidade, *Jornalistas & Cia.*, indica que o *boom* aconteceu no final dos anos 1990, com a abertura do mercado. De 1996 a 1998, as Assessorias de Imprensa cresceram 43%. Os números confirmam ser este um dos segmentos que mais aumentou na área de comunicação do país nos últimos anos, sobretudo em comparação a 1996, quando existiam setecentas empresas no mercado.

O estado de São Paulo, que concentra grande parte dos veículos de comunicação do país, somou o crescimento de 70% de Assessorias de Imprensa, a grande maioria atuando na região da Grande São Paulo. O segundo mercado de Assessoria de Imprensa é o Rio de Janeiro. O jornal *Gazeta Mercantil* publica uma vez por ano o seu "Balanço Anual", uma edição especial em forma de revista por onde desfilam as maiores empresas do ramo, tomando-se por base quem fatura mais. As Assessorias de Imprensa estão entre os 55 setores de 311 grupos das 9.664 empresas pesquisadas.

Há alguns anos alunos do curso de Comunicação da Universidade de São Paulo fizeram um trabalho de pesquisa que indicava que mais de 50% do material publicado nos jornais tinha como origem as Assessorias de Imprensa – hoje não se tem esse número com precisão, mas especialistas da área que orientaram o trabalho garantem que esse índice de aproveitamento hoje é ainda maior.

Quando um artista de televisão, um jogador de futebol ou mesmo um político aparecem no noticiário muitas vezes, o público nem sabe que por trás dessa informação há o esforço de um assessor de imprensa. Mas se alguém perguntar para o entrevistado – no caso, o parlamentar – quem foi o responsável por esse feito, o deputado matreiramente dirá que foi ele próprio com seu "esforço", ou que ele apareceu graças ao "povo" que o elegeu.

2

O que diferencia uma Assessoria de Imprensa de uma Agência de Publicidade

A comunicação faz parte da condição humana.

ALBERTO DINES

O que tem em comum uma Assessoria de Imprensa e uma Agência de Publicidade?

Ambas fazem a comunicação institucional, promocional ou publicitária de um produto ou de uma empresa.

A publicidade trabalha com material que visa a sua promoção, e a empresa nesse caso está pagando para constar na publicação.

A Assessoria de Imprensa trabalha com material redacional, que não é pago; ele é enviado para a mídia, que o aproveita dependendo do seu valor, o qual, por sua vez, leva em conta unicamente o interesse do leitor. Em uma redação de jornal nunca se pensa em incrementar vendas nem em impulsionar negócios dos outros. O importante é a notícia. E notícia não tem preço.

Tanto a Assessoria de Imprensa como a Agência de Publicidade trabalham com dois produtos: marketing e comunicação – que devem ser encarados como processos contínuos, nunca esporádicos, porque, se houver uma única notícia da companhia ao longo dos anos, corre-se o risco de pouca gente (ou nenhuma) ter lido, e os que tiverem lido podem se esquecer, pois outras preocupações costumam povoar a cabeça de cada um de nós.

Os publicitários, quando em roda de amigos, costumam dizer que os jornalistas escrevem nas costas dos anúncios preparados por eles. É que o setor de publicidade envia à redação o espelho (programação) de cada página, com o desenho das áreas ocupadas pelo anúncio – o restante fica para cada editor colocar as matérias de acordo com seu critério, com o que foi decidido.

O editor é o profissional que em um jornal decide que matérias irão para a página; contudo, não raro acontece de ele nunca saber que tipo de anúncio está programado pelo setor publicitário. A única indicação nas páginas é a de que há um anúncio programado, mas nada que informe o tipo de publicidade e muito menos quem está pagando por ela.

Publicidade e Jornalismo: um vive próximo ao outro mas, como água e vinho, nunca se misturam. Ambos têm interesses distintos. Nos jornais, as redações ficam em andares separados dos departamentos de publicidade, onde se recolhem os anúncios, geralmente instalados nos espaços térreos, para facilitar a vida do cliente.

Vamos imaginar os dois departamentos de uma emissora de rádio, de televisão, jornal ou revista – o publicitário e a redação de notícias – trabalhando juntos. Isso criaria uma tremenda confusão. Suponhamos que o chefe da publicidade viesse com um anúncio de determinada companhia e a redação já tivesse em andamento uma grande denúncia a oferecer em sua próxima edição, e todo mundo, a essa altura, em teoria já estivesse sabendo. Adivinhe, leitor, se a notícia do maior anunciante do jornal sairia com a mesma força e na mesma página; e caso ele não fosse cliente do veículo? Se o chefe da redação fosse um publicitário, adivinhe quem teria mais força: o anúncio ou a notícia?

O comando de uma redação de jornal, quando não é exercido pelo dono ou seus filhos, é uma função delegada a um jornalista contratado.

A convivência dos setores de publicidade e de redação, no entanto, é possível em uma Assessoria de Imprensa. Mais do que possível, é salutar do ponto de vista prático, porque um anúncio bem-feito pode gerar notícia em uma companhia. O departamento publicitário prepara uma campanha preventiva de doença que pode atingir a todos os funcionários da corporação; só esse fato pode se transformar em pauta para as redações, antes ou depois de a campanha ser executada, e quem pode avaliar a importância e dar dimensão ao trabalho é o assessor de imprensa.

Primeiro, vamos ver o que faz uma agência de publicidade; em seguida, entraremos em outro capítulo e detalharemos minuciosamente a tarefa do pessoal encarregado da redação de notícias.

O departamento de publicidade em uma organização cria e executa as peças publicitárias e de propaganda; escolhe os veículos mais adequados para sua difusão e as agências para intermediação para planejar, coordenar e administrar a publicidade, a propaganda, as campanhas promocionais e os estudos mercadológicos; e participa na definição das estratégias de comunicação.

Atitudes públicas

Como começou todo esse processo do trabalho publicitário?

Na Primeira Grande Guerra (1914-1918) o uso da propaganda em escala sem precedente demonstrou a eficácia das palavras na formação das atitudes públicas. Esse fato intensificou uma preocupação geral com todo o amplo assunto de opinião pública – tanto de eruditos como de leigos. Como é que um pai concordava com a ida de seu filho para morrer nos campos de batalha? Se algo desse errado, a família recebia uma caixinha de papelão, uma medalha e um ofício agradecendo o serviço prestado, e ainda se orgulhava disso? Qual o milagre desse feito? O que motivava essa pessoa e o que estava por trás de tudo? Algum efeito mágico, extraordinário? Isso tudo foi parar na cabeça dos empresários norte-americanos.

A roda da história continuou a girar.

A manipulação da opinião pública em ampla escala seria usada na paz, e mais precisamente, em favor do comércio. Foram os donos das empresas que viram a mobilização em grande escala e a modificação do comportamento em tempos de guerra e pensaram em tirar proveito desse fato. Pensaram em lucrar com isso.

Para complicar ainda mais os negócios, em 1929 houve o craque da Bolsa de Nova York. Além de vender produtos, o comércio dos Estados Unidos tinha de se revender ao grande público, mostrar, por exemplo, que, antes que pensassem serem eles os únicos responsáveis pela crise, havia males econômicos por trás de tudo e que a idéia dos americanos de participação na riqueza seria apenas uma miragem se tudo continuasse daquele jeito. Havia muita agitação social e uma intranqüilidade no aspecto trabalhista, o que não ocorria antes naquele país.

A publicidade, visando a um comércio mais intenso, se apropriou das técnicas da propaganda política, reforçada mais tarde com a idéia difundida pelos alemães na Segunda Grande Guerra (1939-1945) de que uma mentira repetida sistematicamente poderia ser absorvida como verdade pelo grande público.

Resultado: ganhou o comércio, ganhou a publicidade, houve novos negócios e os Estados Unidos partiram rumo ao título de maior e mais influente país do Ocidente.

3

Os diferentes nomes

> *As massas são meros acessórios da máquina e o consumidor não é rei, como pretende a indústria cultural; não é sujeito, mas seu objeto.*
>
> THEODOR W. ADORNO

Nos Estados Unidos não se empregam os termos Assessoria de Imprensa e/ou Assessoria de Comunicação; é com o nome de empresa de Relações Públicas que abarcam as funções típicas de relações públicas mais as de comunicação/assessorias de imprensa e até de relações governamentais. Na Europa não é muito diferente, só que na França existe o que eles chamam de assessorias de imprensa, as *attachés de presse*.

Talvez por causa do nome pelo qual ficou conhecida no exterior ou até mesmo pela convivência muito próxima com a área de relações públicas, muitas vezes as funções de Relações Públicas e Assessoria de Imprensa se confundem. Aí se dá certa confusão entre as atividades e responsabilidades atribuídas aos profissionais de diferentes áreas e, com maior intensidade, entre as duas áreas mencionadas.

Metem-se os pés pelas mãos quando em algumas instituições um profissional formado em Relações Públicas é chamado para redigir *press releases* e fazer a intermediação entre assessorado e imprensa. Em outras empresas os jornalistas trabalham com os assuntos em pauta, os redatores dão o formato ideal para o texto e a divulgação é feita por uma equipe de relações públicas; essa prática, longe de ser questionável, deve ser distribuída preferencialmente aos profissionais que melhor conheçam a área em que atuam, pois assim manejarão o instrumental de forma mais eficiente. Acontece que, na visão dos empresários da comunicação, os relações-públicas têm mais jeito para lidar com seus colegas jornalistas.

Observadores do cenário dizem que é fácil reconhecer quando profissionais das duas áreas estão falando: o relações públicas costuma perguntar para o repórter de redação de jornal como ele está, como vai sua família, como está o desempenho do seu time de futebol, se vai bem, se vai mal, se está bem classificado. Já, do outro lado da linha, os jornalistas costumam ter outra atitude, são mais diretos, talvez por se julgarem os únicos donos de uma objetividade cruel: "O que você manda?" ou: "Fala logo" são as expressões iniciais mais freqüentes nesse tipo de contato.

Para o bem ou para o mal, o contato é feito entre ambos os lados. E é importante que ele seja constante, freqüente.

A regularidade com que se enviam informações para as redações de jornais faz com que se crie uma melhor imagem das empresas e também, por tabela, de suas assessorias de imprensa. Mostra que a organização está atuando ativamente no mercado, mesmo que o *press release* não seja aproveitado de imediato, mas desde que bem redigido, significa ganho de imagem.

Uma pauta bem detalhada pode não ser aproveitada hoje, mas daqui a um tempo poderá servir de referência para a exploração de determinado assunto que esteve em foco – por exemplo, quando a empresa fala em cuidados com o meio ambiente ou outro assunto que envolva a comunidade. Todas as redações têm seus arquivos de assuntos, os quais podem ser acionados quando certas pautas entram novamente em questão. O trabalho bem executado nunca é perdido.

O relações-públicas

O que é, em sua essência, o profissional de Relações Públicas? O relações-públicas gera mudanças numa empresa. Ele está envolvido em programas de qualidade, proteção ambiental, atividades comunitárias e, o mais importante, tem consciência de que comunicação não é um fim e sim, um meio.

Trabalhar com Relações Públicas vai de patrocínios culturais a informativos, de prêmios científicos a lançamentos de produtos, como aquelas máquinas voltadas para a reciclagem de lixo ou outro assunto que desperte interesse na sociedade, sempre ávida por novidades.

De forma geral, pode-se dizer que uma das principais tarefas do profissional de Relações Públicas é preservar a boa imagem de uma organização, agindo como elo entre a corporação e seus públicos.

Para obter um resultado positivo, o profissional deve se valer de algumas ferramentas, como as pesquisas de mercado, essenciais para traçar o perfil dos públicos-alvo de qualquer instituição ou empresa.

Com políticas cada vez mais voltadas à satisfação dos clientes, as organizações estão se empenhando mais em ouvir os seus públicos.

Outro objetivo do profissional de Relações Públicas é o de planejar a comunicação. Ele seria assim uma espécie de "gestor da comunicação empresarial". As análises social, econômica e cultural dos fatos seriam realizadas por esse profissional de modo que se sentisse instrumentalizado para a elaboração de diagnósticos e projetos integrados aos objetivos estratégicos.

Outra tarefa do profissional de Relações Públicas: desenvolver ações que fixem a imagem institucional da empresa no mercado, um dos principais agregados, cujo valor, muitas vezes, ultrapassa o do conjunto de seus ativos. Divulgar corretamente e fixar a identidade visual. Projetar os pontos fortes. Universalizar os valores intrínsecos dos produtos e serviços.

Mais ainda: cabe ao profissional de Relações Públicas planejar e desenvolver instrumentos da comunicação para os públicos externos (clientes, fornecedores, governo, imprensa, acionistas, entre outros). Preparar folhetos e campanhas institucionais, relatórios anuais, eventos e publicações são alguns poucos exemplos das múltiplas habilidades da profissão.

A função do relações-públicas talvez tenha sido modificada, mais ao gosto da modernidade, transformando o profissional numa espécie de "administrador de reputações" ou profissional especializado em "marketing social".

Eis aqui como os relações-públicas trabalham, apenas para resumir a sua tarefa em um só exemplo clássico. Quando um grande hotel foi vítima de rumores falsos de que iria ser fechado, seus hóspedes desapareceram. A gerência viu que negativas de nada adiantariam; iriam apenas aumentar e dar força ao rumor. Um técnico em Relações Públicas convenceu o gerente a renovar um longo contrato com o seu cozinheiro internacionalmente famoso. O altíssimo salário oferecido já foi notícia. A intenção era clara e deu certo. Dizem que houve festa na empresa, uma comemoração em grande estilo, preparada evidentemente pelo seu relações-públicas.

4

A divulgação jornalística

> *O jornalismo dirige-se ao homem
> imediato e ao dia que passa.*
>
> FERNANDO PESSOA

Podemos dizer que o trabalho de assessor de imprensa começou com um jornalista, em 1906. O repórter norte-americano Ivy Lee, que havia trabalhado na editoria de economia dos jornais *New York Times, New York Journal* e *New York World*, passou a integrar a equipe do bilionário John D. Rockfeller, fundador da Standard Oil, adotando estratégias de comunicação com a imprensa, a fim de esclarecer questões relacionadas à indústria de combustível e ferro do estado do Colorado. Os mineiros estavam em greve. O empresário queria divulgar informações sobre a sua indústria com relação à greve, visando atingir principalmente aos trabalhadores grevistas.

Ivy Lee passou então a enviar matérias e informações à imprensa, gerando notícias favoráveis à indústria. A partir daí, o grande público passou a ver o megaempresário com bons olhos. O grande diferencial do serviço do jornalista deveu-se ao fato de que ele estava trabalhando no sentido oposto ao fluxo natural da imprensa, repassando matérias atualizadas e precisas com relação aos valores e interesses do público, bem como sobre instituições públicas ligadas à referida indústria. Foi o começo do que os americanos chamam de um trabalho de Relações Públicas, ou de Assessoria de Imprensa.

O profissional de Assessoria de Imprensa é como o pioneiro Ivy Lee, um intermediário entre as informações disponíveis em uma organização e os diversos públicos que ela atinge, realizando, dessa forma, tarefas tão importantes e complexas quanto a dos profissionais atuantes nos veículos de comunicação, aqueles colegas que estão "do outro lado do balcão".

Para atingir esse objetivo, o jornalista de Assessoria de Imprensa deve manter um relacionamento com os veículos de comunicação social, abastecendo-os com informações referentes ao assessorado (pelo envio de *releases*, *press kits*, sugestões de pautas e outros produtos que veremos mais adiante com detalhes), intermediando as relações de ambos os lados e atendendo às solicitações dos jornalistas de quaisquer órgãos de imprensa, em qualquer hora e lugar.

É importante este detalhe: ao contrário do que muita gente pensa, jornalista de Assessoria de Imprensa não tem hora para iniciar suas atividades, nem para terminar.

O profissional de uma Assessoria de Imprensa tem de ser uma espécie de interface, um tradutor dos sentimentos e anseios da opinião pública com relação aos serviços de sua empresa ou órgão público. Deve estar disponível o tempo todo para atender o colega que não escolhe a hora de a notícia acontecer – o que significa que mesmo em fins de semana ele poderá ser solicitado a fazer contato com o entrevistado onde este se encontrar, não importa se esquiando nos Alpes suíços ou mergulhando nas águas tranqüilas do Oceano Pacífico.

Pensava-se, há muitos e muitos anos, que o jornalista de Assessoria de Imprensa para exercer tal função já deveria ter certa vocação, uma tendência, o que o tornaria o mais indicado para executar esse tipo de tarefa. À maneira de Machado de Assis, que também foi repórter no Congresso, podemos afirmar que não foi o jornalista que mudou e sim, o mundo. Porque, para maior benefício da empresa, da entidade para a qual trabalhava, o jornalista poderia prospectar as notícias e fazer com que os dirigentes da empresa se comunicassem de forma adequada com o grande público.

Tratava-se de uma tarefa difícil de ser executada em certa época, porque muitas vezes o assessor de imprensa estava empregado apenas para esconder as notícias. Foi o que aconteceu com alguns setores – empreiteiras e bancos, por exemplo – que se beneficiaram em determinado período da história do país com contas generosas abocanhadas no governo.

Na realidade, o assessor de imprensa deveria abrir a entidade e fazer a intermediação entre a opinião pública e a empresa. Mas ele era pago para esconder a notícia, e não estávamos exatamente no tempo em que ingenuamente se acreditava poder "amarrar cachorro com lingüiça". Era outro tempo, bastante cruel, o da ditadura militar.

Um papel fundamental

Neste mundo tão sem tempo, o assessor de imprensa tem um papel fundamental, que não pode ser confundido com o do chato de plantão.

Ele tem de ser o intermediário entre o jornalista e a fonte, conhecer sua função e saber como se posicionar a partir daí.

O bom assessor de imprensa deve contribuir para que a informação possa chegar ao público, seja ela boa ou desfavorável para a corporação ou entidade que representa.

Os meios de comunicação de massa têm um grande e destacado papel na sociedade contemporânea, na medida em que lidam com a principal matéria-prima para o desenvolvimento: a informação. Tal papel se estende aos profissionais da área, que participam de forma privilegiada do meio político, sendo responsáveis pela intermediação entre os governantes e seus eleitores, entre pessoas e suas convicções.

O bom assessor de imprensa deve se lembrar que, antes de mais nada, é um profissional da comunicação e, como tal, precisa se preocupar em informar corretamente o público.

Há empresas que favorecem determinados cenários organizacionais onde jornalistas se vêem diante de cenas que não gostariam de presenciar. Atos de suborno, por exemplo. O ideal, nesse caso, é pedir licença e se retirar da sala, uma vez que ele não tem nada a ver com o fato. Em 2000, alguns jornalistas de Curitiba, no estado do Paraná, ouviram rumores a respeito de compras realizadas sem nota fiscal simplesmente para a companhia fugir do fisco. Outros colegas de Brasília souberam que haveria determinada quantia reservada para doar "por baixo do pano" aos responsáveis pelas campanhas de candidatos a deputado, governador e até a presidente da República, só que nesse caso os jornalistas nem ficaram para presenciar os atos ilícitos debatidos na reunião. O profissional fica livre de negar o que houve, caso o assunto chegue à imprensa e ele precise confirmar se tal fato ocorreu ou não.

Há alguns anos uma administradora de cartão de crédito patrocinava uma nadadora, cujo desafio era o de atravessar o Canal da Mancha, entre Inglaterra e França. A travessia mereceu ampla cobertura da imprensa brasileira. No meio do percurso, a nadadora teve cãibra por causa da água gelada e acabou morrendo afogada. Antes que o assunto chegasse ao conhecimento da imprensa brasileira, a Assessoria de Imprensa se antecipou para informar o fato em seus detalhes. O que poderia ser uma notícia desastrosa para o patrocinador foi tratado com rigor jornalístico, ética e profissionalismo.

A morte da atleta fora uma tragédia. Ela só estava lá em razão do patrocínio dessa administradora de cartão. O assunto tinha de ser enfrentado e o melhor a fazer era não esconder o fato. Mas, com a atitude tomada, o impacto da tragédia se neutralizou e o caso até hoje é citado como exemplo de como um assessor de imprensa deve atuar. O papel do assessor de imprensa tende a ser cada vez maior, com o avanço dos setores de mídia. Portanto, a sua responsabilidade tende a crescer e a atividade só poderá ser exercida por quem tiver uma visão precisa da sociedade, dos seus mecanismos e de como será o futuro que se descortinará e por quem for também bastante consciente da responsabilidade ética e social de seu papel.

5

O malfadado "nada a declarar" e o "sem comentário"

> *Jornalismo é separar o joio do trigo. E publicar o joio.*
>
> MARK TWAIN

Era outra época. Adotava-se a chamada "política do caramujo", que se esconde no casco, ou dizia-se que o pessoal agia como avestruz: procurava esconder a cabeça para não ver os problemas, e a partir daí imagine então, leitor, o que isso podia significar.

Em público, era o tempo de um país onde os irritados governantes proferiam frases dirigidas aos repórteres do tipo: "Você está aqui para realizar um trabalho e não para fazer perguntas". Apregoavam que estudantes deveriam apenas estudar e enfatizavam que nenhum indivíduo era pago para questionar ninguém, principalmente os ocupantes de cargos públicos, ou seja, civis que prestavam contas ao governo militar.

O jornalista Luiz Malavolta começou na profissão por essa época; eram os anos 1970, e ele trabalhou em redação de jornal e de televisão, onde ficou por muitos e muitos anos, esporadicamente exercendo a função de assessor de imprensa em Bauru, no interior do estado de São Paulo. Ele lembra da figura do assessor de imprensa pela ótica que tinha com base na redação de jornal; naquele tempo era visto como um tipo raro e tratado de modo estranho pelos jornalistas de redação. Quando se falava em assessor de imprensa, a imagem que se tinha era do porta-voz do general-presidente de plantão em Brasília, que falava em nome do chefe da caserna. O presidente, general de quatro estrelas, nunca falava, só mandava recados aos cidadãos utilizando a figura do porta-voz.

Nas redações dos grandes jornais era comum, vez ou outra, depararmos com um bando de garotas ostentando o título de miss – naquela época, objetos de desejo, assim como hoje o são as modelos de agências de publicidade – que desfilavam de vestido rendado, esvoaçante, lacinho na cabeça e a tiracolo carregavam um cesto com morangos, uvas ou outra fruta da época. Elas eram comandadas por uma velha senhora, que conversava com os redatores de jornais e editores informando-lhes da festa tradicional em suas cidades, e passeavam diante dos olhos ávidos dos repórteres distribuindo sorrisos. Mas isso é outra história, de uma época distante, pois foram-se os generais e as misses.

Tempo de mudanças

A partir do fim dos anos 1970, empresas, entidades oficiais e particulares, banqueiros e empresários descobriram que, devido ao mundo cada vez mais complexo, o assessor de imprensa era figura importante e necessária. Desde então, a atividade vem se profissionalizando e ganhando outra dimensão de trabalho.

Nas décadas de 1960 e 1970 vivíamos numa ditadura militar e a atitude das empresas era de omitir da opinião pública fatos de difícil e complicada explicação. A comunicação estava longe de ser entendida como instrumento estratégico de gestão, seja em empresas públicas ou privadas.

A imprensa, por sua vez, tentava burlar – com muita criatividade, diga-se de passagem – uma censura sem limites imposta pelo governo. Os jornalistas também não tinham boa vontade com as empresas privadas, principalmente quando se tratava de multinacionais. A imagem que se tinha na época era que as empresas estrangeiras vinham aqui somente para sugar o nosso sangue. Era rara a veiculação de notícias envolvendo as atividades das empresas. Quando muito, os repórteres abordavam as grandes empresas estatais e as poucas manifestações políticas dos representantes de entidades da classe empresarial, sempre apoiando o governo vigente. Vivíamos, só para não esquecer, uma época de sufoco das manifestações culturais, sociais e políticas.

Esse quadro começou a mudar com a abertura política no país a partir dos anos 1980 e com a abertura de mercado para o mundo no início da década de 1990. A trajetória da comunicação também foi rápida e rica. A comunicação empresarial, por exemplo, passou a ser entendida como fator crítico mas, ao lado disso, também para atingir resultados de negócios.

Teve-se a idéia de que a democracia política e a economia capitalista, ao mesmo tempo que transformavam a sociedade, iriam garantir o desenvolvimento da empresa.

As transformações foram sendo notadas nas grandes corporações. Entre os anos 1982 e 1988 algumas empresas passaram por um processo de mudanças profundas. Nesse período, algumas multinacionais, que não se relacionavam com quase ninguém, adotaram uma atitude de diálogo aberto com a comunidade. Começaram a aparecer nos órgãos de imprensa, seus dirigentes eram uma presença constante nos gabinetes governamentais e participavam de todas as grandes discussões nacionais.

Essas figuras, que até o início da década de 1980 eram profissionais voltados somente para seu *métier*, passaram a ser personalidades que saíam de seu gueto técnico para posicionar-se publicamente sobre questões que ultrapassavam os mundos fabris, áreas em que elas atuavam.

Com a "abertura", aqui entendida não como um fato político mas empresarial, esses homens, que ocupavam o topo de suas corporações, passaram a dedicar cerca da metade de seu tempo a contatos com jornalistas, autoridades, entidades representativas e a palestras e debates. A história dessa mudança de posicionamento das empresas marcou tanto as relações empresa/opinião pública, que a comunicação empresarial mudou no Brasil.

Em virtude do trabalho desenvolvido por jornalistas e relações públicas, em seis anos muitas companhias perceberam que o "nada a declarar" arrogante e autoritário, comum em regimes passados e em empresas que têm tudo a esconder, assim como o regime militar em que vivíamos, caía em desuso. Assim, assumiam outra atitude perante a sociedade. O país se transformava e os homens também acompanhavam essa mudança.

6

Como planejar uma divulgação jornalística

> *A imprensa, quando é livre, pode ser boa ou ruim; mas certamente sem a liberdade ela será sempre ruim.*
>
> ALBERT CAMUS

As atividades de uma Assessoria de Imprensa não devem ser realizadas com base no improviso e sim, ter como norma a organização e a constante avaliação dos resultados. O planejamento assume, dessa forma, uma importância fundamental, evitando que até mesmo as situações mais inesperadas peguem o profissional totalmente desprevenido.

É fundamental que o profissional dentro de uma Assessoria de Imprensa esteja acostumado ao processo permanente de planejamento que prepara as mudanças que estão sendo feitas.

É necessário compreender as diferenças entre os termos planejamento, política, plano e estratégia, que designam diferentes etapas do processo de projeção das atividades de uma Assessoria de Imprensa.

Planejamento é o ato de relacionar e avaliar informações e atividades de forma ordenada e com lógico encadeamento entre si, a serem executadas num prazo definido, visando à consecução de objetivos predeterminados.

É um processo abrangente, que define metas, objetivos, públicos-alvo da instituição e, acima de tudo, as políticas de comunicação a serem adotadas.

Essas políticas podem ser definidas como conjunto de normas em que se fundamenta a atividade de comunicação institucional ou organizacional. As perspectivas da política devem ser traçadas dentro de um objetivo que seja a meta de todas as atividades e contra o qual existam poucos argumentos contrários.

Todo planejamento será constituído por diversos planos, que são providências a serem tomadas para se atingir as metas estabelecidas. Geralmente indicam o onde, o como e o porquê.

Os planos, em síntese, são documentos que, partindo daquilo que foi estabelecido no planejamento, definem que tipo de atitudes será adotado normalmente para prestar bons serviços de assessoria de imprensa à instituição.

As estratégias seriam aquelas táticas que precisam ser aplicadas inesperadamente quando determinada situação envolve o assessorado e exige ações especiais por parte do profissional, seja ele jornalista, relações-públicas ou publicitário. Por exemplo, organizar uma entrevista coletiva no começo da tarde para que o cliente responda a acusações feitas à instituição, detectadas na leitura de jornais pela manhã. Como o caso ocorrido com uma grande empresa que foi multada por ter poluído o ambiente com seus produtos e resíduos tóxicos, o que levou intrépidos membros do Ministério Público a entrar com uma ação na Justiça, notícia que deu muita repercussão em determinada época.

A comunidade é um dos públicos que deve ser levado em consideração em um programa de atividades em um departamento de comunicação de uma empresa.

Os impactos dos programas de responsabilidade social na organização são enormes. Os profissionais de comunicação defendem sempre um canal aberto de diálogo com a comunidade para divulgar o programa e a linguagem adequada e, assim, atingir o público certo.

O jornalista Amaro Dornelles conta o caso de uma multinacional localizada na área litorânea, em São Paulo, que em certa época tinha de convencer os moradores de uma favela às margens de um mangue a se mudar. A empresa precisava transferir o gaseoduto do lugar, uma vez que este, em razão de passar por baixo das palafitas, deixara a área totalmente comprometida.

Para falar com esse público os assessores de comunicação da companhia utilizaram as emissoras de rádio local, inclusive as comunitárias – na época chamadas de rádio pirata – e com uma linguagem apropriada, de modo que seus ouvintes pudessem entender o recado. A mesma mensagem veiculada em jornal era apresentada de forma diferente em rádio, uma vez que seus públicos eram distintos. O resultado foi considerado surpreendente pelos principais dirigentes da companhia, que assistiram à transferência dos favelados rumo a um lugar melhor sem que por parte destes houvesse nenhum sinal de protesto.

Atuação sem limite

A empresa e o empresário devem estar aptos a informar aos cidadãos e às organizações políticas e sociais as suas atividades, assim como a expor as suas idéias e opiniões. Desse modo, no interesse da informação e, portanto, no interesse da sociedade, o espaço reservado à empresa e ao empresário deve ser ocupado sem preconceito ou limite.

A empresa e o empresário encontram nos meios de comunicação os canais de acesso à opinião pública. Ambos buscam nos meios de comunicação, em geral, compreensão e reconhecimento para os seus produtos, serviços e idéias ou opiniões. Aspiram a um lugar do qual possam falar e influir, e também transmitir uma imagem real entre os cidadãos. Justifica-se, assim, a existência de um sistema de comunicação que se move para aproximar o empresário e a empresa da sociedade e, no mesmo sentido, a sociedade do empresário e da sua empresa. O trabalho exercido pela Assessoria de Imprensa não é uma função de amortecedor ou de pára-choque e sim, de intermediação responsável, adequada à realidade social.

Observa-se que, apesar dessas características, as estratégias também fazem parte do processo global de planejamento e são norteadas pelas diretrizes nele indicadas: mesmo que o planejamento não preveja exatamente o caso mencionado no exemplo, certamente vai estabelecer que tipo de atitudes tomar em situações semelhantes.

Teóricos da comunicação empregam os termos análise, adaptação, ativação e avaliação para designar as quatro funções básicas de uma equipe de marketing, mas elas podem ser perfeitamente adaptadas à definição das etapas do planejamento da Assessoria de Imprensa.

A *análise* é a etapa na qual o assessor de imprensa conhece a instituição, seus públicos e o contexto em que ela se insere. Nesse processo ele deve identificar os problemas e as falhas de comunicação da entidade, exatamente como fazem os médicos ao examinarem seus pacientes.

Em seguida, partirá para a *adaptação*, ajustando a realidade detectada anteriormente à projeção de ações necessárias. Nessa fase do trabalho serão definidas tanto as políticas quanto os planos que a empresa encerra.

O próximo passo será a *ativação*, quando os planos serão colocados em prática, seguindo todas as determinações estipuladas.

Por último virá a *avaliação*, que estudará os resultados de todos os planos e estratégias empregados, a fim de constatar se foram ou não os mais adequados. As conclusões retiradas dessa etapa levarão a uma nova análise, que vai gerar um processo de adaptação e assim por diante.

O trabalho de planejamento é permanente, além de dinâmico e integrado, mas as diferentes etapas podem ocorrer simultaneamente.

É preciso entender também que empresários que mantêm algum contato com jornalistas só procuram a imprensa quando lhes convém falar sobre determinado assunto e nunca estão disponíveis, para não dizer dispostos, a atendê-la nos momentos em que a mídia precisa da sua empresa como fonte de informação; assim, acabam sendo vistos com antipatia. Agem com mau humor. Respondem como se estivessem contra o mundo. Muitas vezes são tachados de prepotentes e arrogantes, o que, além de ser péssimo para qualquer imagem empresarial, pode gerar má vontade no momento em que a empresa efetivamente necessite da imprensa, seja para divulgar o lançamento de um novo produto ou para dar explicação em situações de crise. É aconselhável que se evitem tais comportamentos e que se procure mudar rapidamente de atitude, para o bem não somente de seus negócios mas de todos.

7

Treinamento e orientação

> *Ainda hoje não se pode fazer a menor idéia da devastação provocada pela imprensa.*
>
> KARL KRAUS

Todo executivo quer aparecer, de preferência e pela ordem, na capa da revista *Exame, CartaCapital, Dinheiro*, na *Gazeta Mercantil*, no *Valor Econômico*, na *Veja, IstoÉ e Época*, dar entrevista no *Jornal Nacional*; ele se julga pronto para isso, preparado para falar a uma grande platéia em qualquer momento e a qualquer hora. Acontece que esse executivo pode ser muito bom para falar em reuniões fechadas, de diretoria, mas não está nem um pouco preparado para falar em público, principalmente para dominar microfones. Ninguém nasce com a vocação artística.

Nesse caso, é aconselhável ao empresário passar por um programa que tecnicamente, no universo da comunicação, se chama *media training*.

Media training é um treinamento elaborado por uma Assessoria de Imprensa ou empresa por ela contratada, dirigido a executivos, políticos e lideranças. Visa desenvolver competências comunicativas para lidar com a mídia impressa e eletrônica (jornais, revistas, tevê e rádio), garantindo a representação das empresas para o grande público por intermédio dos meios de comunicação como instituição de cultura empresarial transparente e democrática.

Por que participar de um programa de *media training*? Para conhecer como funciona e atua a mídia e, assim, estabelecer com ela um relacionamento compreensivo e produtivo. Não se pode atuar em um meio que desconhecemos, é como se jogar na água sem saber nadar.

Há uma definição clássica de notícia que se aplica em cursos de jornalismo sempre com a ressalva de que o exemplo é antigo e folclórico. Disse o jornalista Charles Dana (1819-1879): "Quando um cachorro morde uma pessoa isto não é notícia, mas quando uma pessoa morde um cachorro, isto é notícia".

É preciso entender que os jornais querem ver o circo pegar fogo e que é preciso traduzir essa máxima para se utilizar bem dos mecanismos que envolvem a mídia e não ser vítima dela.

Não adianta dizer que notícias boas também vendem jornal porque isso é uma grande mentira. O jornal vive das contradições da sociedade, ele espelha esse mundo de conflitos, retrata e tem a função de fazer com que tal mundo se transforme. É o que diferencia os bons dos maus jornais, porque os primeiros esclarecem enquanto os outros vivem da tragédia e se alimentam dela.

Quais são então os objetivos de um *media training*?

Um *media training* visa discutir o papel social e político da imprensa e seus limites éticos e jurídicos. Analisa o funcionamento da mídia numa economia de mercado. Prepara os participantes para mudanças comportamentais com a mídia. Instrumentaliza os participantes para a exposição nos meios de comunicação.

Um *media training* serve para explicar para o empresário que nunca se deve perguntar para o repórter ou o editor se a sua matéria vai sair. O saudoso colunista Zózimo Barroso do Amaral, quando perguntado se a nota passada pelo assessor de imprensa iria sair, respondia: "Vou dar na sexta". Na sexta-feira, ao não ver a notícia publicada na coluna, ao receber telefonema da mesma pessoa perguntando se ele não havia garantido que daria a nota na sexta, ele explicava que naquela conversa anterior não estava se referindo ao dia da semana, mas à cesta de lixo.

Como é feito o treinamento

Como acontece o *media training*?

O *media training* é individual ou em turmas de dois, oito ou vinte participantes, mas não pode passar disso, para o bom andamento dos trabalhos.

A carga horária é de no mínimo oito horas, mas hoje as Assessorias de Imprensa reduziram esse tempo para três horas em média, a pedido dos empresários que repetem a mesma cantilena, alegando falta de tempo.

O *media training* é entendido como uma tarefa essencial em um trabalho de assessoria de comunicação, faz parte de suas atividades. Consiste em mostrar, na prática, como funciona uma entrevista com um profissional de imprensa. Faz-se uma espécie de laboratório de jornalismo. O entrevistado se vê diante de situações que vai enfrentar.

Primeira lição: nunca brigar com um jornalista. Se hoje ele é repórter de um jornal importante amanhã poderá ser editor de outro veículo de comunicação ou mesmo diretor de redação. Hoje ele pode estar em um jornal, amanhã em televisão, revista ou rádio. Não que todo jornalista costume guardar mágoas dentro de si, longe disso, é que o bom senso indica que não se deve comprar briga com quem quer que seja. É melhor ter o jornalista ao seu lado do que do lado oposto.

Quando o executivo estiver falando com um repórter de jornal vai se ver diante de um jornalista com um bloquinho de anotações nas mãos. Alguns truques da profissão poderão lhe ser mostrados: como observar que numa situação em que o entrevistado estiver falando e o entrevistador não anotar nada, é sinal de que o assunto está sendo desviado do objetivo, a conversa não está tendo a devida importância.

Outro detalhe ensinado nos cursos: nunca pedir favor de espécie alguma para um repórter. Não se gabar para o repórter de que conhece o dono do jornal. Não insistir para que o repórter leia o que anotou – não tem coisa que irrite mais o jornalista do que se ver posto à prova. O fato de ele estar à frente do executivo indica que o jornalista é um profissional preparado para exercer essa tarefa.

Também é bom saber que nunca se passa uma informação em off, ou seja, nunca se pode dar uma notícia cuja origem não possa ser assumida. Notícia em off no jargão jornalístico quer dizer aquela reportagem que não identifica o autor da denúncia, diz vagamente que "fontes informaram", ou que "empresários que estiveram na reunião...", e outros truques da profissão. Informação em off deve ser transmitida somente quando há uma relação muito próxima com o jornalista.

Nunca deixar de atender aos jornalistas é outra lição a ser aprendida no programa de treinamento. Deve-se considerar a entrevista como uma boa oportunidade de apresentar seu trabalho ou sua idéia à sociedade. Milhares de pessoas tomarão conhecimento pela imprensa de suas atividades e dos resultados que são obtidos por meio de uma entrevista.

Para não ver frustrado esse esforço, o entrevistado deve apresentar adequadamente as informações de que dispõe. Se houver dúvida, deve perguntar.

Se o repórter compreender perfeitamente o assunto abordado pelo entrevistado, na hora de redigir poderá passar a mensagem para o papel sem erro. Se o entrevistado se preparar para a entrevista, diminuirá as chances de erro, o que, em contrapartida, contribuirá para que sua exposição seja ao menos entendida. Basta para isso ter consciência de que cada tipo de veículo (rádio, jornal, tevê, revista) tem características próprias e públicos diferenciados, e que falará de acordo com as suas particularidades.

Na hora em que for feito treinamento para o executivo falar para a televisão, uma equipe simula como o repórter vai se comportar diante das câmeras. Detalhes como cor da gravata ou a combinação com o paletó são estudados.

O executivo aprende na prática a olhar para o repórter, não para as câmeras porque aí ele estará frente a frente com o telespectador.

Nessa hora o executivo é ensinado a esquecer jargões do mundo empresarial, do tipo "agregar valores", "função social", "os objetivos da globalização", e a nunca usar expressões ambíguas.

Outra importante lição é não exigir do repórter uma pauta do assunto – porque antes de iniciar a conversa é bom se inteirar do assunto, mas não na hora da entrevista.

No programa de *media training* procura-se fazer com que o entrevistado entenda que o jornalista é, na maioria dos casos, um generalista que se não sabe o suficiente do assunto, fatalmente vai se informar. O repórter usa seu referencial pessoal e conhecimento para avaliar o assunto tendo por objetivo único a notícia. Tudo que existe no ar é notícia para um bom repórter.

Mais uma importante dica repassada em cursos de treinamento: nunca se surpreenda se tiver que responder a perguntas que possam parecer óbvias. O ideal é, antes da entrevista, trocar idéias, dar, ainda que em poucas palavras, um panorama sobre o assunto, mostrando sua importância e amplitude, o que existe de novidade no que vai ser exposto. A partir daí, o jornalista terá mais facilidade em seguir uma linha de raciocínio.

Ao falar para um repórter de rádio ele procurará fazer com que a entrevista pareça uma conversa informal. Usará sempre linguagem coloquial. As informações têm de ser dadas de forma simples e prática, nunca como se a pessoa estivesse se dirigindo a uma platéia. As frases serão curtas, o mais simples possível e bem explicadas. Nada de cacoetes tipo "ãhn... ãhn... ãhn..." longos, comuns em muitos executivos. Ou repetição de frases como: "Bom, agora vamos ao que interessa".

Enfim, é bom que o executivo esteja preparado para o que vem pela frente. Profissionalismo tem de valer para todos os aspectos de sua vida.

O jornalista visita a empresa

Levar jornalistas para dentro das empresas também é outra prática adotada por uma Assessoria de Imprensa.

Mas é preciso muito cuidado na escolha dos profissionais jornalistas para falar com os executivos. Nesse tipo de encontro não se pode esperar que a conversa vire notícia, não necessariamente. Pode-se e deve-se encarar esse tipo de encontro como simples bate-papo.

Mas há outro tipo de contato feito com jornalistas. É quando se convida um conhecido profissional para dar palestra em uma organização.

A gerente de comunicação de uma rede de supermercados ao se ver diante de dificuldades no relacionamento executivos/jornalistas resolveu convidar alguns diretores de redação para conhecer a empresa – até aí tudo bem. Só que um desses diretores de jornal estava profundamente irritado com os patrões e também com os seus comandados. Tudo indicava que ele já estava de saída da empresa; assim, confuso, não deve ter sabido distinguir uma coisa da outra. Na conversa, para desespero da moça que o convidou, ele falou mal dos jornalistas e da imprensa de modo geral, o que só reforçou e foi ao encontro do que os executivos estavam pensando. Os diretores do supermercado se gabavam de que eles tinham razão. Resultado: do ponto de vista de quem não queria falar com a imprensa, tudo bem. "Eu não disse para você que esse pessoal de imprensa era de amargar?", os executivos alfinetavam, enquanto a gerente de imprensa se desculpava: "Essa pessoa está profundamente irritada com a profissão, com os seus subordinados, com a sua família, com tudo, e eu, infelizmente, não sabia". Acontece que ela estava encantada com a figura falante e não se preocupou em verificar alguns detalhes antes de fazer o contato. É dispensável dizer que a partir desse dia ela nunca mais o convidou, nem para tomar um cafezinho.

Parte II

Montagem

8

Os primeiros passos de um trabalho

> A estratégia de informação de uma empresa configura não só políticas de comunicação, mas também responsabilidade social.
>
> JUAREZ BAHIA

Não pense o leitor que comunicação é coisa simples como parece à primeira vista. Costumam dizer que comunicação é como futebol, todo mundo pensa que entende. Há toda uma teoria para estudar sistematicamente o fenômeno comunicação e as diferentes formas de se fazer comunicação – e a comunicação empresarial, corporativa, organizacional, é uma delas. Tem de se levar em conta que comunicação é o processo de fazer comunicação.

"Comunicações são os meios técnicos usados para fazer operar o processo", explica para seus alunos o jornalista, romancista e professor Adelto Gonçalves.

A comunicação é um fato central na existência humana e no processo social. Para entender a sociedade, tem de se entender o seu contexto, as suas suposições básicas. Para isso é preciso que se tenha conhecimento de história, de sociologia, de filosofia, de modo que se chegue a uma verdadeira compreensão do que são os meios de comunicação.

Os meios de comunicação de massa compreendem um sistema técnico – as comunicações – pelo qual uma única pessoa pode comunicar-se rápida e simultaneamente com uma multidão de outras pessoas.

Comunicação empresarial é o processo – conjunto de métodos, técnicas, recursos, meios – pelo qual a empresa se dirige ao público interno (seus funcionários) e ao público externo (seus consumidores).

Público é o conjunto de indivíduos cujos interesses comuns são atingidos pelas ações de uma organização, instituição ou empresa e cujos atos afetam direta ou indiretamente os interesses da organização. É ao conjunto de indivíduos que se destina determinada mensagem (artística, jornalística, publicitária etc.).

Quando a empresa constitui um elemento de comunicação com a sociedade passa a ser um pólo de informações.

Por trabalhar, lidar constantemente com informações internas e externas, pensamento e ação, sugestões, críticas e demandas de todo tipo, a comunicação empresarial deve levar em consideração a existência de todo um complexo cultural e uma rede de notícias.

A comunicação empresarial insere-se num conceito de permanência, e deriva da cultura da empresa. Isso quer dizer que, quanto mais esclarecida for a empresa sobre o seu papel social, mais apta estará a informar.

A rede de informações de uma empresa não se limita a praticar técnicas de comunicação. Mais do que isso, faculta à organização o contato direto com seus públicos, de forma que saiba o que os empregados e os consumidores pensam ou querem.

A comunicação interna e a comunicação externa são os tipos de ações mais importantes na estratégia da empresa. Podem (e têm de) ser exercidas simultânea ou paralelamente, esteja a empresa dedicada à indústria, ao comércio ou ao serviço.

Ao utilizar várias ferramentas de comunicação, o profissional de uma Assessoria de Imprensa terá de certificar-se de que elas serão integradas por um único conceito preestabelecido para que se atinjam os objetivos propostos. Nunca utilizar conceitos diversos, pois eles geram confusão. O povo diz que cachorro que tem dois donos passa fome. É sempre bom lembrar que temos um objetivo a atingir.

Área estratégica

Comunicação é área estratégica de resultados e sua eficiência (ou não) reflete, sim, no caixa, entretanto o mais importante ainda é o ganho institucional, de imagem. Antes era muito difícil provar numericamente para o empresário que compensa investir na área de comunicação, porque ele sempre quis resultados palpáveis, numéricos de preferência.

Com novas ferramentas como as pesquisas de imagem, é possível traduzir o ganho ainda que não em termos de números e cifras, porque trata-se de uma operação contábil às vezes difícil de se demonstrar por envolver inúmeros outros componentes.

O ganho com a imagem, se não for tudo em uma empresa, é de suma importância, uma vez que as grandes corporações que lideram o *ranking* mundial se valeram desse artifício para chegar lá. Basta citarmos a Microsoft, a Nike e a Coca-Cola, que nunca descuidam desse detalhe e, por isso mesmo, têm obtido resultados surpreendentes – tanto que seus dirigentes avaliam sem pensar muito que o investimento em comunicação compensa.

Um dos pontos da boa comunicação é a coerência entre discurso e ação, o que a empresa tem de cumprir dentro e fora de casa. De nada adianta vender a imagem de modernidade lá fora se os empregados vivem em condições ruins e desumanas de trabalho.

Também é preciso ter a consciência geral de que a informação deve circular, não ficar retida em feudos. Tem de se soltar, ganhar terreno, se expandir, ganhar vida.

Em certas épocas os empresários foram arredios à presença de repórteres em suas corporações, mas mudaram de mentalidade. Eles perceberam que, se não se expuserem, o concorrente chega antes, fala e aparece.

Algumas assessorias de imprensa evoluíram de "fábrica de *press releases*" para braços de comunicação das empresas, ajudando na definição de um plano estratégico para a área – o que implica preocupar-se com outros públicos que não somente a mídia. Esse contato ajuda na construção da imagem institucional, não a simplesmente vender mais, porque isso vem como conseqüência.

Muitos empresários crêem que ao dar entrevista, ao falar de sua empresa automaticamente aumentarão o faturamento no caixa.

Outro dado importante: saber diferenciar uma coisa da outra, entender que propaganda e conteúdo editorial não são a mesma coisa, embora ambos se ajudem.

Comunicação não deve ser confundida com marketing (foco no público externo, principalmente no papel de consumidor).

O poder encontra-se disseminado em grandes organizações, tais como empresas nacionais e multinacionais, sindicatos, imprensa etc., que influenciam de forma significativa a tomada de decisões, e é nisso que o empresário deve pensar ao se comunicar por intermédio da mídia, sabendo que os olhos e os ouvidos da sociedade estão atentos e vigilantes o tempo todo.

9

As notícias das empresas

> *É preciso dar espaço ao livre embate de idéias, pois a verdade terminará encontrando seu caminho e vencendo o erro.*
>
> JOHN MILTON

Um sistema de comunicação empresarial deve se guiar e se orientar por conceitos que são comuns à informação e aos negócios. Há um consenso de que tanto a empresa quanto a mídia desempenham funções vitais no progresso e no desenvolvimento da sociedade moderna.

É importante observar que as ações de comunicação interna devem e precisam necessariamente ter continuidade. Todos concordam que não basta a empresa se pronunciar apenas em momentos delicados pelos quais esteja passando. Por força do hábito os funcionários acabam encarando essas mensagens com desconfiança – e o leitor pode imaginar a reação do público externo que também dispõe do mesmo tipo de informação.

Comunicação interna é a que se verifica entre a organização e seu pessoal, o chamado público.

Recomenda-se que a família dos funcionários deva ser a primeira envolvida em ações de comunicação. Se o custo permitir, é bom que se mande entregar a publicação da empresa na casa do funcionário – ou do "parceiro" como muitas empresas preferem.

Toda publicação deve refletir a imagem institucional da empresa. Por isso, a Assessoria de Imprensa tem de ser cuidadosa com aspectos editoriais e gráficos e oferecer um produto de qualidade para que a revista ou o jornal sejam lidos e cumpram com a sua finalidade. Um produto mal apresentado gera má impressão, é tudo uma questão de imagem.

Deve se buscar sempre uma linguagem clara, simples e objetiva nos textos. E também recomenda-se que se utilizem diferentes elementos visuais de diagramação – olho, título, subtítulo e gráficos – para dar movimento às páginas e facilitar a leitura.

A comunicação interna planejada viabiliza o ambiente saudável de trabalho, incrementa a qualidade, reforça a segurança e garante ganhos de produtividade. E o desenvolvimento e o emprego de técnicas apropriadas para cada situação são algumas das especialidades do profissional de Assessoria de Imprensa.

O *house organ* (jornal interno), os eventos dentro da empresa, as convenções, os murais, as festas de fim de ano, as campanhas internas, enfim, tudo o que diz respeito à comunicação com os empregados pode ter melhores resultados se a tarefa for entregue às mãos de quem é credenciado para tal.

O público interno de uma organização adquire importância maior em um trabalho de comunicação. A maior editora de revistas do país usa como slogan uma frase criada por publicitários que ressalta que ela faz parte da vida do funcionário, e como essa pessoa permanece mais tempo no trabalho do que em casa, com a família, não há por que discordar. Essa empresa montou verdadeiro núcleo de prestadoras de serviço que se aproveitam do fato de seus funcionários ficarem tanto tempo na empresa, tais como academias de ginástica, estacionamento, lanchonete, restaurante e lojas de roupas e de presentes.

Um sistema efetivo de comunicação empresarial – e não de simples divulgação de comunicados para efeitos interno e externo – deve reforçar a idéia de que se fazem contatos diretos com os empregados e com o universo de consumidores, fornecedores, acionistas, clientes etc., seja um público específico, seja um público restrito, como o governo, por exemplo.

O público-alvo é sempre constituído pelos funcionários da empresa ou instituição, familiares e acionistas, para os quais é direcionada a maioria dos exemplares dessas publicações.

Os funcionários de uma empresa são os principais formadores da sua imagem. Eles passam a relacionar-se com os clientes da mesma forma como o fazem internamente, na própria empresa. Para tanto, todo assessor de imprensa deve dedicar-se à comunicação interna com o mesmo cuidado que dispensa à comunicação externa. Deve-se procurar envolver a família dos funcionários em ação de comunicação. E incentivar todos os funcionários a enviarem opiniões e sugestões sobre a empresa. O retorno será maior se for oferecido algum brinde – por exemplo, um aparelho eletroeletrônico –, desde que escolhido de forma criteriosa.

Jornal interno

A função de um jornal interno é a de ser um canal de mão dupla entre empresa e funcionário. Ao traçar perfis ou desenhar matérias com base nos temas, ouvindo opiniões e experiências de vida, o jornal procura promover a integração entre as pessoas espalhadas pelas unidades da empresa. Sua linha editorial valoriza atitudes e comportamentos que possam ser multiplicados, buscando a melhoria de qualidade de vida e a excelência no atendimento ao cliente. É também o meio de os funcionários conhecerem e utilizarem melhor os programas de treinamento e benefícios oferecidos.

Desde a sua criação, esses jornais vêm registrando significativo aumento de interesses de funcionários. Afinal, a qualquer momento, cada um deles pode ocupar espaços na publicação (virar notícia) e por isso mesmo se esmeram em fazer o melhor para ser reconhecidos.

Voltado à divulgação das informações comportamentais de forma clara e transparente, visa contribuir com o impulso das atividades da empresa, direcionando a organização rumo às suas metas.

Enquanto se publicam esses jornais fazem-se pesquisas com o público. Com os resultados pode-se perceber que é preciso iniciar uma fase de mudanças nessas publicações. Muda-se o formato, aumenta-se a periodicidade, colocam-se mais fotos e as reportagens passam a ter outro enfoque, e a serem mais curtas. Também pode-se transformar o veículo num canal de comunicação de duas vias. Por meio dele os jornalistas recebem críticas dos funcionários e transmitem as informações à diretoria, garantindo sempre o sigilo da fonte.

Direcionado aos funcionários e seus familiares, funciona como instrumento básico de comunicação para motivação e mobilização dos empregados. Nele, procura-se refletir a cultura da empresa, sempre valorizando o binômio companhia–funcionário. O veículo desempenha o papel de um porta-voz informal da companhia, uma espécie de diminuidor de boatos.

Revista interna

Um informativo em formato jornal ou boletim pode se transformar, com os anos, em uma revista com novo formato e ir se especializando. Direcionada para revendedores, no caso de indústria de eletroeletrônicos ou de automóveis, só para citarmos dois exemplos, pode-se também enviá-la para os seus acionistas. Torna-se o canal direto de comunicação com esses dois públicos. Ganha-se muito no reforço da imagem da empresa ao se fazer uma revista desse tipo.

Revista externa

É direcionada para os executivos de nível gerencial, diretores e também clientes e fornecedores. Enfoca assuntos das várias empresas do grupo, englobando todas as atividades. Uma segunda parte pode trazer assuntos de interesse geral: turismo, cultura e marketing, entre outros.

Na medida em que amplia o seu universo, a organização mais se qualifica para gerir complexidades ou circunstâncias do seu aparato de informações. Deve saber, portanto, como usar a sua rede.

As revistas externas têm como público-alvo clientes, consumidores, fornecedores, distribuidores, revendedores, imprensa, governo, universidades e empresários, distribuídos por meio de uma listagem preparada pela diretoria da empresa juntamente com a Assessoria de Imprensa.

Ao profissional de comunicação cabe entender que todos os públicos com os quais a empresa interage, esteja onde estiverem, levam para o mercado e para a comunidade uma leitura própria da imagem institucional da organização. Essa imagem deve ser bem construída na base para que consiga permear de forma eficaz todos esses relacionamentos.

Publicações mensais e bimestrais têm a desvantagem de tornar certas notícias importantes defasadas quando de sua publicação. Para solucionar o problema, pode-se criar uma publicação paralela mais ágil e simples para notícias urgentes e importantes.

As publicações devem transmitir proximidade e individualização com o público-alvo. Os responsáveis pela editoração devem se preocupar em tornar a leitura um hábito, uma peça importante na vida das pessoas.

Essas revistas podem ter periodicidade mensal ou bimestral, dependendo da necessidade da empresa. Normalmente são impressas em papel cuchê, quatro cores, e suas reportagens apresentam as novidades da companhia e matérias de interesse da área envolvida. O objetivo principal é dar apoio ao marketing da empresa, mas procura-se realizar todas as expectativas do público-alvo. O leque de assuntos passa a se abrir mais, indo da nova tecnologia ao turismo, entrevista com político que tenha alguma atuação no setor e outros tantos assuntos.

Jornal para o público externo

Publicação com conteúdo informativo, interpretativo, opinativo e de entretenimento com periodicidade regular e número mínimo de quatro páginas (em qualquer formato), podendo receber encarte de até quatro páginas.

Muitas vezes o jornal é dirigido para um público sem tradição em publicações, formado por determinada classe social.

Quando se participa em cooperativas há uma chance de os jornalistas estarem em contato com produtores e conhecer suas dificuldades de comunicação. Assim, aos poucos, pode-se adequar perfeitamente a linguagem do jornal à do público-alvo. Linguagem é um detalhe essencial nesse caso.

Boletim interno

Publicação com conteúdo essencialmente informativo, com periodicidade regular, pouca variedade temática, tendo entre uma e seis páginas.

Tem de se ter cuidado na preparação e na análise do material editado. Na reunião de pauta é aconselhável a participação de funcionários de diversos setores e escalões da companhia. Juntos, pode-se refletir sobre o que foi publicado e planejar a próxima edição.

Boletim externo

Pode-se pensar inicialmente na comunicação social como um elo entre empresa e cliente. Começa-se com jornal de quatro páginas, impresso em preto e branco para ganhar mais páginas e mais cores.

Torna-se assim o principal meio de aproximação com clientes e fornecedores. Mas paciência, porque é tudo uma questão de tempo para se firmar.

Muitas vezes um boletim externo é dirigido a um público muito específico, o Congresso Nacional, por exemplo, autoridades de classe e principais jornalistas do país. Nele constam informações sobre o setor; o objetivo é chamar a atenção para esse setor mediante a circulação das referidas informações.

Relatório de administração

Publicação com resultados da empresa e conteúdo editorial. Pode-se chamar também de publicação especial. É lançado quando da comemoração e divulgação de uma nova fábrica, recentemente inaugurada. Na verdade é um informativo com cara de revista.

Pode-se, por exemplo, ilustrar o relatório que tem assunto muito árido, cheio de números, com a vida de um rio local e suas transformações, procurando conscientizar o público sobre a falta de atenção com o meio ambiente. Podem-se acrescentar poemas ou a voz de um grande artista. Uma empresa usou imagens e uma narração do poeta amazonense Thiago de Melo defendendo a preservação de uma reserva florestal no Paraná, algo primoroso tanto na forma como no conteúdo.

A cada ano pode-se procurar um tema que atraia o leitor, de modo que torne a leitura mais leve, já que o conteúdo de um relatório é sempre denso: números, análises e balanços.

Publicação técnica

São publicações com linguagem altamente sofisticada e técnica. Pode-se simplificar ao máximo a linguagem, é claro, desde que não se perca o objetivo, que é o de fazer com que se compreenda o que a companhia quer transmitir.

Essas publicações têm um público restrito a atingir, não se pode ter a ilusão de que vão ser feitas para muitos leitores em termos numéricos, trata-se de um público seleto, qualificado, que entende os códigos e sinais expostos.

Atendimento ao consumidor

Normalmente ligado ao setor de Relações Públicas, é um conjunto de ações de comunicação dirigidas ao atendimento dos clientes/consumidores e/ou dos funcionários. Para isso usa-se o recurso do telefone 0800, cria-se a figura do *ombudsman*, organizam-se os

Serviços de Atendimento ao Consumidor, usam-se os recursos da rede mundial de computação, os BBSs, internet, intranet, entre outros.

A implantação desse tipo de serviço voltado ao consumidor significa ganho para a empresa, que passa a ser vista como socialmente responsável.

Vídeo de comunicação interna

Apresentação em vídeo voltado para o público interno das empresas (funcionários, familiares e acionistas). O vídeo é desenvolvido com o objetivo de reconhecer e valorizar o esforço de seus funcionários. Os funcionários são sempre os primeiros a assistir à campanha, antes do lançamento no mercado. Esta também é uma forma de mostrar sua importância no processo.

Procura-se traduzir a relação companhia–funcionário.

Coloca-se na tela o espírito da empresa que acentua que, tradicionalmente, sempre valoriza mais o elemento humano do que as máquinas ou a fábrica em si. Assim, numa inauguração de nova unidade, por exemplo, pode-se mostrar o dia-a-dia dos funcionários, fator principal do sucesso e da expansão da empresa.

Um telejornal interno pode ter boa audiência entre o público a que se dirige e ganhar visibilidade desde que ele seja bem elaborado. Muitas empresas contratam jornalistas da maior emissora do país acreditando que só com isso a audiência vai aumentar, o que é um engodo.

Esses vídeos têm o objetivo de melhorar e aumentar o desempenho no trabalho. É preciso estar atento ao tempo, para que os vídeos não sejam muito longos e de difícil assimilação.

Vídeo de comunicação externa

Tem por objetivo a divulgação institucional, voltado a consumidores, distribuidores, fornecedores, governo, imprensa, entidades de classe e comunidades. Eventualmente é exibido para o público interno. Pode-se pensar em uma pauta, por exemplo como a companhia se prepara para novos desafios.

Videojornal

Vídeo com linguagem jornalística, com veiculação periódica e voltado para o público interno das empresas.

De modo geral, as produtoras contratam um apresentador ou repórter de uma grande emissora de tevê por serem os mais conhecidos do grande público e passam-lhes um texto publicitário que não tem nada de informação, eles apenas estão disfarçando como notícia a venda de um produto publicitário.

Publicação especial

Publicação não periódica, no formato de livro ou revista, abordando tema cultural ou comemorativo. Os temas não têm a ver, necessariamente, com o objeto de exploração da companhia. De custo elevado, as empresas costumam recorrer aos programas das leis federais de incentivo à cultura ou elas mesmas bancam os custos, tendo plena consciência do resultado.

Jornal mural

Publicação interna, com periodicidade regular e conteúdo informativo/educativo, devendo contemplar temas como recursos humanos, qualidade, segurança, saúde, cultura e outros.

Um simples mural não deve ser desprezado como forma de comunicação interna de qualquer empresa. Deve ser usado e bem.

Um aviso que permanece por mais de quinze dias é considerado velho e passa para os funcionários a idéia de que o mural não muda nunca.

O objetivo de um jornal mural é disseminar de forma rápida e visualmente atrativa os eventos importantes que ocorrem num período recente e merecem ser divulgados rapidamente para não ficarem perdidos no tempo.

O mural de um banco foca informações estratégicas e se volta para programas internos ou para a informação de novos serviços aos funcionários nas áreas de saúde, recursos humanos, novos produtos, ajuda à comunidade, uma campanha de doação de sangue, o anúncio de treinamento, enfim, todo e qualquer noticiário que amplie algum benefício aos funcionários.

Memória empresarial

A história e a memória se transformam em poderosa ferramenta para a construção da marca e a consolidação da cultura e da comunicação organizacional. É uma moderna vantagem competitiva.

Elaborar um planejamento estratégico eficiente da comunicação corporativa visa estabelecer a identidade da organização e fortalecer a marca institucional. Deve incluir canais de informação que constituam valiosa matéria-prima para o desenvolvimento de inúmeros produtos, como edições especiais, exposições e *show-rooms*, com consistência e veracidade. Informações que possam servir de base, tanto para as ações cotidianas como para as grandes tomadas de decisão, auferindo assim os lucros institucionais gerados pelo conhecimento dos valores intangíveis da organização.

Internet

A comunicação empresarial não pode permanecer indiferente às mudanças tecnológicas, ao contrário, deve recorrer ao arsenal de tecnologia à sua disposição para cumprir metas. Os sistemas de informação evoluíram muito nos últimos anos, mas, pelo avanço da informática, conjugam recursos satisfatórios para integrar empresas e modernizá-las, via reengenharia, a caminho da qualidade total.

Para executar suas home pages, as empresas e instituições normalmente contratam empresas especializadas em sites e fornecem os dados para serem constantemente atualizados.

Intranet

Rede interna desenvolvida visando promover processos de comunicação com o público interno. Redes privadas de empresas, acessadas por seus funcionários onde quer que se encontrem dentro da organização, as intranets conectam entre si filiais, departamentos e até mesmo unidades industriais isoladas. Uma intranet corporativa pode simplificar o trabalho, dinamizar negócios, reduzir o volume de papel que circula dentro das empresas e diminuir até o uso do telefone. A rede interna vai mais longe: permite uma ampla integração entre os colaboradores de uma empresa, em tempo real, de forma totalmente interativa e transparente.

Nascida nos primeiros anos da década de 1990, essa irmã mais nova da internet em algumas empresas tem apresentado crescimento ainda maior do que a própria internet.

Uma entidade tem lutado há anos para consolidar essas ferramentas todas da comunicação, a Associação Brasileira de Comunicação Empresarial (Aberje), que nasceu em 8 de outubro de 1967 e um ano depois, no auditório da *Folha de S. Paulo*, começou a ganhar forma com o objetivo de fomentar os estudos, as pesquisas, os debates e as ações voltados ao subsídio, ao estímulo, à avaliação e à compreensão do papel da comunicação no mundo das empresas e das demais instituições.

A Aberje institui prêmios nessas categorias mencionadas, é a primeira entidade do gênero na América Latina e sua luta tem sido contra a comunicação persuasiva e a comunicação da manipulação.

10

Agilidade é fundamental

> *Toda vez que vires a imprensa*
> *encarniçada contra qualquer pessoa*
> *poderosa, fica sabendo que*
> *há por trás disso algum desconto*
> *recusado, algum favor que*
> *não quiseram prestar.*
>
> HONORÉ DE BALZAC

A informação geralmente tem prazo curto para ser notícia. O que é notícia hoje, amanhã ou algumas horas mais tarde pode não ser mais.

Notícia não marca hora para acontecer. A produção de notícia é um processo dinâmico que o tempo todo interage com a realidade. A própria empresa, que muda em função de novos desafios impostos pelo mercado, de repente se vê obrigada a mudar seu direcionamento – assim também é com a notícia.

Um jornalista de Assessoria de Imprensa tem de convencer seu colega da mídia de que ele tem em mãos uma notícia, não um plano, uma proposta, um comercial, porque aí é matéria para outro departamento, o de publicidade, como já analisamos.

Jornalistas estão sempre correndo contra o tempo, como aquele coelho de *Alice no País das Maravilhas*, que andava com o relógio na mão e de olho no tempo.

Essa é sem dúvida uma das características que executivos e empresários de modo geral têm mais dificuldade de entender.

O jornalista tem um *time* próprio, que não é o mesmo do empresário. Não é à toa que jornalista sempre pede tudo para ontem. O motivo está diretamente relacionado ao produto com o qual o profissional de imprensa está envolvido: a notícia.

Notícia é um produto altamente perecível – dizia-se que o jornal de hoje embrulha o peixe de amanhã no mercado – e, por isso, envolve um processo de produção que briga contra o relógio. Ficou mais difícil ainda com a concorrência da televisão, que apresenta a notícia pelas imagens, sendo a instantaneidade a sua característica.

O empresário precisa compreender que a edição de um jornal diário é produzida em cerca de dez horas, a de uma revista semanal em apenas quatro dias, e a de um noticiário de televisão ou rádio em algumas horas ou até minutos. E que cada um desses veículos necessita, dentro de suas possibilidades e limitações, explorar a notícia que pretende veicular de forma que ela "não morra" antes de sua edição circular ou ir ao ar.

E nisso tudo há um fator importante a considerar: a ética, lembrando sempre que há casos em que não se pode voltar atrás. Em uma escola de comunicação o debate estava em um ponto em que se discutia que o comunicador teria tanta responsabilidade quanto um médico; ao final a conclusão a que se chegou foi a de que tanto o médico quanto o jornalista podem matar – no caso deste último, na medida em que expõe, muitas vezes de forma irresponsável, as pessoas à opinião pública.

Há pessoas, por exemplo, que foram objeto de denúncias que nunca chegaram a ser comprovadas, o que se publicou na imprensa foi indício, a impressão de um delegado de polícia, de um procurador do Estado, apenas palavra contra palavra, nada de concreto.

Quando se trata de comunicação, agilidade é mais do que fundamental: é a espinha dorsal do sistema produtivo. Isso explica por que, tantas vezes, cinco minutos antes de o expediente comercial terminar, jornalistas contatam executivos para reproduzir e/ou complementar informações para matérias que deverão entregar escritas para o editor alguns minutos depois.

O que também contribui para a permanente "pressa" do jornalista é o fato de ele nem sempre receber a incumbência de buscar informações apenas para uma notícia. É comum no telejornalismo, tanto na produção de um noticiário diário como semanal, um repórter ter a missão de apurar duas ou três matérias simultaneamente, para o mesmo *deadline*, o fechamento da reportagem. Pautas de assuntos muitas vezes tão díspares, como o movimento nos shopping centers, por exemplo, se misturam às entrevistas com políticos, com cientistas que descobriram um novo rémedio contra o câncer, com um assassino de crianças, com um astrônomo e tantas outras.

É por isso que ocorrem falhas que independem da capacidade profissional de um jornalista encarregado da redação ou edição da matéria.

Louis Wiley, ex-gerente do *The New York Times*, disse certa vez que o fato de o jornal publicar a versão mais digna de crédito que pode obter de um acontecimento leva em conta que as máquinas precisam rodar em determinada hora, e que as testemunhas que dão aos repórteres o relato dos fatos são humanas. Afinal de contas, se o jornal tivesse de esperar até confirmar todos os detalhes, talvez o mundo ignorasse acontecimentos históricos de séculos passados, sobre os quais os historiadores ainda hoje não concordam totalmente.

A redação das notícias da empresa

> *Para colherem-se os bens*
> *inestimáveis propiciados pela*
> *liberdade de imprensa, é necessário*
> *submeter-se aos males inevitáveis*
> *por ela causados.*
>
> ALEXIS DE TOCQUEVILLE

Os assessores de imprensa são jornalistas especializados em traduzir a informação da empresa para o linguajar jornalístico e em escolher o melhor caminho para a divulgação da notícia.

Um profissional da área de comunicação acredita que ao trabalhar a imagem de uma organização está trabalhando a imagem do produto. Sabe que é pela notícia que vai criar o elo com a mídia.

Notícia é tudo aquilo que interessa não só a um pequeno grupo mas a um número maior de pessoas. Suas conseqüências atingem parte significativa da população ou ela desperta curiosidade em razão das próprias características do fato em si.

As Assessorias de Imprensa geram as notícias que vêm das empresas.

E como iniciar esse trabalho?

Primeiro faz-se um diagnóstico de perfil, ou seja, é preciso conhecer, e muito bem, tanto o lado em que esse profissional se encontra, a companhia, quanto o outro lado, a mídia. É preciso, por isso mesmo, dar ênfase à comunicação social. E dar nitidez aos conceitos.

Uma Assessoria de Imprensa é capaz de fazer uma boa articulação da companhia com o Congresso, com os políticos (independentemente de partidos), com os deputados e senadores, para mostrar a eles as plantas industriais da companhia onde está prestando serviços, para que mais tarde se possa elaborar um projeto de lei adequado ao interesse da empresa. Ou para demonstrar como a companhia se situa na sociedade e no mercado, o seu lugar na constelação das empresas com grande e intensa atuação.

Muitas Assessorias de Imprensa até ressaltam essa qualidade em seus prospectos, *folders*, ao afirmar que uma de suas funções é a de manter um relacionamento constante com os chamados formadores de opinião, um deles a classe política brasileira. Mas, de que forma? Preparando material específico, diferente do que existe no mercado, muitas vezes redigindo verdadeiros tratados sobre determinados assuntos ou itens escolhidos previamente de acordo com o cliente.

Muitas Assessorias de Imprensa promovem material selecionado, fazem uma leitura direcionada para o setor econômico em que as empresas para as quais trabalham possam atuar da forma mais tranqüila possível.

As *newletters* preparadas por alguns jornalistas de assessorias de imprensa são verdadeira preciosidade para certos executivos, que nunca saem de casa sem elas, ou vão para o trabalho lendo no carro o material preparado de madrugada. Assessorias de Imprensa que prestam esse tipo de serviço se constituem na prática em empresas de relações corporativas.

Um dos trabalhos bastante valorizados desenvolvidos pelas Assessorias de Imprensa é a produção de artigos assinados pelo presidente ou pelos diretores-executivos das companhias e redigidos por jornalistas que atuam como *ghost-writers*, ou seja, aqueles profissionais em cujo trabalho seus nomes não aparecem, mas que exercem uma função de fundamental importância na organização. Sua atuação é sempre discreta.

O primeiro passo para começar o trabalho é a troca de idéias entre o executivo e o jornalista, para que possam traçar uma linha de ação – a partir daí é todo um procedimento de ida e volta do artigo até que ele esteja bom, e o conceito de bom, nesse caso, fica mais a critério do jornalista do que propriamente aos olhos do empresário, embora ambos possam chegar a um consenso.

Artigos não existem somente para massagear o ego dos que os assinam, mas para expressar uma idéia, desenvolver uma tese, falar para determinado setor ou chamar a atenção para certos assuntos de interesse da sociedade.

Caso não se consiga emplacar o artigo em um dos quatro principais jornais do país, pode-se tentar outros veículos das demais praças, especializados em economia, ou então aqueles de menor tiragem mas também importantes, uma vez que os artigos são clipados até, e sobretudo, pelos concorrentes.

As Assessorias de Imprensa que tenham uma atuação no setor energético, por exemplo, não podem ignorar o artigo de um dirigente industrial do setor que esteja falando sobre um problema específico da área. Artigos que tragam algum tipo de contribuição são sempre bem-vindos e costumam ser publicados com mais facilidade em jornais diários; assim, embora eles já tenham seus colaboradores fixos e remunerados para isso, não custa tentar.

É importante também fazer uma clipagem desse material, recortá-lo ou reproduzi-lo indicando a data, a página e o veículo que o publicou, e mandar uma cópia para o universo de conhecidos e amigos do autor do artigo com um bilhete personalizado, do tipo "prezado fulano, gostaria que você tomasse conhecimento de minhas idéias expressas neste artigo". Se por acaso o destinatário já tenha visto o artigo publicado, não se perde nada, pois o recebimento de uma mensagem pessoal nunca é demais quando se trata do relacionamento entre pessoas de alto nível.

Editores se queixam

Editores de suplementos especializados de jornais reclamam que 70% do material que chega a seus departamentos não tem absolutamente nada a ver com eles. É comum os assessores não se preocuparem com algumas regras básicas, indispensáveis para despertar o interesse pela informação. Primeiro, é preciso ler a publicação e verificar qual a editoria adequada para o envio do material. O mais grave é a empresa que, por algum motivo, se considera "a melhor do mercado". Os *press releases* enviados mencionam inúmeras qualidades da empresa, há muita exaltação mas nenhuma informação.

E quando as Assessorias de Imprensa insistem em afirmar que o produto ou serviço por elas oferecido é superior a qualquer outro? Não há quem agüente.

Todo jornalista que trabalha em redação gostaria de receber notícias em primeira mão ou com exclusividade para serem apuradas. Esforça-se muito para obter informações confiáveis e de interesse público, seja lá que tamanho tenha esse público. É uma questão de expressão e busca da verdade.

Qualidade de informação virou fator determinante de sucesso de uma Assessoria de Imprensa, um item básico do portfólio de qualquer empresa de comunicação. Não se admitem informações levianas, erros, distorções ou má qualidade de informação. Nem mesmo a correção de algum dado transmitido com minutos de antecedência, do tipo "lamentamos dizer que o evento foi cancelado" ou "o horário mudou". Isso era coisa inadmissível mesmo no passado já distante.

12

Os *press releases*

> *A mídia é o único poder que tem a prerrogativa de editar suas próprias leis, ao mesmo tempo que sustenta a pretensão de não se submeter a nenhuma outra.*
>
> PAUL VIRILO

Pode-se falar em comunicado. Entre colegas, os jornalistas se referem a ele como "material". "Pode mandar o material" é uma frase muito ouvida no relacionamento com a imprensa. Ponto de partida para uma matéria, como um aviso de algum evento, o "material" a que se referem é o *press release*, o texto jornalístico produzido pela área especializada com o objetivo de informar as redações sobre assuntos de interesse da organização.

O fato de apresentar os assuntos sob a ótica da instituição não impede que se caracterize como texto jornalístico, aliás, é preciso que ele tenha a linguagem jornalística para ser mais bem compreendido pela outra ponta, o pessoal das redações de jornais.

Deve ter riqueza e exatidão de informações, e para isso é necessário observar os critérios de noticiabilidade dos fatos e se valer de rigor técnico na redação do texto, como manchete, *lead*, subleade e pirâmide.

Também deve-se distribuir os *press release*s com critério. Nunca distribuir um material convencional, salvo em comunicados formais à imprensa, mas isso vale somente para as empresas prestadoras de serviço público essencial, como a distribuição de água, de energia ou de serviço de telecomunicação, e não para as companhias que se comunicam vez ou outra com o grande público.

A veracidade das informações é o aspecto mais importante do *press release*. Mentira não é aceita em momento algum. Sem credibilidade o *press release* estará automaticamente comprometido com reflexos negativos para a imagem da organização.

O *press release* deve cumprir a função de subsidiar ou complementar o trabalho de levantamento de informações do repórter. Tem ainda a função de provocar, suscitar entre os profissionais da redação de jornal, interesse pelo assunto que se quer divulgar.

De modo geral, o *press release* funciona como uma sugestão de pauta, o ponto de partida do trabalho do repórter, a quem cabe dar seqüência às demais etapas da reportagem, que são entrevista, consulta, checagem de informação e redação do texto final da matéria. Entre a redação de uma reportagem e a forma com que ela chega ao público há um trabalho intenso.

O crescimento das áreas especializadas dentro das organizações popularizou o *press release* e a carência de pessoal nas redações pequenas tem conferido o *status* de texto final em publicações com menores recursos, em jornais de bairro, por exemplo, mas essa não é a regra nos grandes centros e em seus jornais igualmente grandes. De certa forma isso explica por que ocorre, em alguns casos, o aproveitamento integral do *press release*, com o mesmo texto reproduzido em diferentes veículos: é que a Assessoria de Imprensa distribuiu fartamente o mesmo material para todos.

O conteúdo do *press release* é avaliado em uma redação e pode se tornar pauta, ou mesmo ser reescrito para veiculação. Esse é o procedimento adotado na maioria das redações de jornais.

Não se pode associar o *press release* à autopromoção da empresa, informação destinada a "vender" uma imagem irreal da instituição em detrimento da divulgação do fato de interesse jornalístico. Para isso existe a publicidade, a matéria paga.

Algumas características permitem identificar os *press releases* imediatamente. Uma delas, a da má qualidade, atribui adjetivos pessoais, iniciativas ou mesmo configura o típico discurso auto-elogioso, com objetivos promocionais que nada têm a ver com a qualidade da informação.

Materiais sem informação enviados às redações são objeto de descrédito ou desconfiança.

Chegam toneladas ou quilômetros de *press releases* às redações, vindas de órgãos públicos, empresas privadas, instituições diversas – com o envio por satélite muitos assessores pensam que ficou mais fácil seu trabalho –, mas somente um terço do material recebido nas redações é aproveitado.

É preciso ter cuidado para não acontecer de, em vez de contribuir para o fortalecimento da imagem, ele se tornar fator de desgaste, e o feitiço acabar virando contra o feiticeiro.

13

O que é importante na redação do material para a imprensa

> *Jornalismo é uma carreira que precisa de certa dose de ceticismo e paixão.*
>
> CLÁUDIO ABRAMO

A principal função dos instrumentos de comunicação é a de conseguir despertar o interesse dos jornalistas sobre o tema abordado. Raramente as informações serão publicadas como matéria acabada. Esses instrumentos, mesmo que não tenham sido utilizados como fonte de consulta, auxiliam de alguma forma o trabalho dos repórteres.

Quando o texto for enviado ao interessado tem de se saber que, de fato, ele vai sofrer transformações, que será motivo de apuração dos jornalistas, servindo apenas como um ponto de partida.

Por uma questão prática, tem de se usar o mesmo texto dos jornalistas e também formas de linguagem que passem a despertar interesse. Linguagem jornalística é uma, e linguagem publicitária, de marketing, é absolutamente outra, e ambas podem estar vendendo a mesma coisa por vias (e de formas) diferentes.

Ocorre que em uma empresa o executivo terá de aprovar a redação de um *press release*. É a prática adotada em qualquer empresa. O material que se está enviando tem o compromisso com a imagem da empresa, é uma espécie de mensagem oficial.

Alguns executivos fazem correções oportunas, outros simplesmente resolvem mudar tudo e redigir a seu modo. Isso pode estar reduzindo drasticamente as possibilidades de publicação da matéria.

Apesar de saber que a sugestão dificilmente será publicada na íntegra, a assessoria tem de elaborar o material com texto final para publicação, adequando a abordagem e a linguagem ao perfil dos veículos a que se destinam, e assinar o material enviado para que a pessoa responsável seja procurada para fornecer detalhes do evento.

A Assessoria de Imprensa trabalhará direcionando e adequando seus esforços para obter os resultados mais produtivos para o cliente. Afinal, ela é contratada exatamente porque sabe transformar a informação da empresa em notícia.

A fórmula da notícia

E o que é a notícia?

Primeiro temos de pensar em uma fórmula que um dia os americanos, muito práticos, inventaram. Trata-se dos 5 W, criação do escritor e jornalista Rudyard Kipling: *who* – quem?, *what* – o quê?, *where* – onde?, *when* – quando? *why* – por quê?. É a receita que os jornalistas têm em mente ao elaborar a estruturação das reportagens e até uma simples nota de cinco linhas.

Antigamente os repórteres eram preparados para escrever dessa forma no jornal. Era o começo de uma reportagem. O jornalista, escritor e deputado Fernando Gabeira lembra que outra regra de ouro era alinhar os fatos de tal maneira que o mais importante vinha em cima e, em seguida, os detalhes, até o menos importante, com que se fechava a matéria. Usava-se a técnica da pirâmide invertida para simbolizar a estrutura da história.

Contudo, essa visão linear de uma história foi para os ares com a informática, e, sobretudo, com os recursos da internet e com os que ainda virão com o tempo, tudo se tornará ainda mais incrível, fantástico e extraordinário. Não se espera mais que o leitor siga o fio da meada do princípio ao fim. Ele interrompe a leitura, desloca-se para outro tema, volta novamente, ou do outro tópico dá um novo salto para um oceano de possibilidades.

Não só a unidade de espaço foi quebrada, a do tempo também foi pelos ares. O leitor diante da tela de um computador caseiro pode muito bem voltar atrás na história, inverter o que está à sua frente, investigar os antecedentes de um evento, embarcar em outra época.

Toni Negri, filósofo italiano, explica que, na verdade, o mundo tornou-se um só. Não há mais forasteiros, estranhos ou coisas externas neste mundo. A globalização das relações econômicas anda no mesmo passo que a globalização das relações sociais. Hoje, o mundo se restringe às ligações financeiras que vão de indivíduo para indivíduo, saltando as fronteiras nacionais.

Os contratos não vêm mais com a chancela do Estado, mas com carimbos de advogados que constituem elos da *lex mercatoria*.

Agora, não se vira mais cidadão do mundo: todo mundo já nasce como um.

Mídia em tempo real

É assustador. As agências de notícia utilizaram-se das mais variadas formas de fazer a informação chegar ao destino.

A Reuters, por exemplo, quando foi criada em 1851, utilizou-se até dos serviços dos pombos-correio. Antigamente um furo de reportagem podia demorar dias para cruzar o Atlântico, uma vez que o navio era considerado o meio mais rápido de comunicação entre os continentes. E até um passado bem recente, as informações das agências de notícias eram passadas via telex ou por precárias e caras ligações telefônicas. As pessoas tinham de ditar e confirmar como se grafava o nome de determinadas pessoas entrevistadas, e com isso o tempo passava.

Entre 1830 e 1870, vimos crescer e desenvolver-se as grandes agências de informação mundial: Havas (França), Reuters (Inglaterra), Wolf (Alemanha) e Associated Press (Estados Unidos).

Hoje as agências de notícia e todos os grandes veículos no mundo inteiro publicam notícia em tempo real, via satélite, e que chegam ao usuário pela tela do computador. É por esse motivo que os sites de notícia também agem dessa forma. O que é notícia agora daqui a pouco pode não ser mais. O que significa dizer que na mídia em tempo real a briga é por frações de segundos.

14

Os *press kits*

> *Todo fazedor de jornais deve tributo ao Maligno.*
>
> LA FONTAINE

Um dos instrumentos de divulgação para a imprensa pode ser o *press kit*. É um material que tem a finalidade de ajudar o jornalista na hora de ele escrever a reportagem. Ao redigir a entrevista ele pode se esquecer de algum detalhe, e um material bem preparado pode ajudar e muito. Para isso é feito o *press kit*. Não confundir com material publicitário, os *folders*, em que se procura dar ênfase aos aspectos grandiloqüentes da companhia, sua imagem unilateral e tendenciosa.

Press kit pode ser definido como um conjunto informativo composto de textos, artigos, números, índices econômicos, fotografias e outros materiais destinados à divulgação de fato jornalístico.

A Assessoria de Imprensa elabora o *press kit* como forma de auxiliar o trabalho dos jornalistas de diferentes veículos de comunicação. Quando o *press kit* se apresenta em outra linguagem que não a jornalística é contraproducente, uma vez que se destina a jornalistas que dele vão extrair alguma informação complementar para redigir suas reportagens. Nunca é dirigido ao grande público, assim, não interessa que tenha outra linguagem.

Quando os jornalistas estão presentes em uma entrevista coletiva e necessitam de mais dados para um maior embasamento sobre o tema em questão, eles não raro recorrem aos *press kits*, e os repórteres costumam levá-los para a redação. Esse material também poderá ajudar os pauteiros, chefes de reportagens e outros repórteres a organizarem a forma de cobertura, as questões a serem levantadas diante dos entrevistados e outros detalhes. Daí a importância de ter uma linguagem clara, com dados e números que serão utilizados – e não ignorados pelo profissional de imprensa.

Nesse conjunto de material, o *press release* deve conter os dados mais relevantes a respeito do acontecimento (data, horário, local e principais participantes). Tem de se incluir ainda o currículo dos entrevistados. É aconselhável ter um histórico de edições anteriores dos eventos e da entidade patrocinadora, dizer quem ela é e qual a sua missão.

Levantamentos sobre os principais temas a serem abordados, com dados, índices (jornalista adora números), um mapa contendo a localização das salas, dos estandes, as coordenadorias do evento e demais informações serão bastante úteis. Aliás, todas as informações são importantes, principalmente aquelas que dizem respeito a datas e até a certos acontecimentos perdidos no tempo.

Enfim, os *press kits* devem ter em qualquer situação a maior abrangência possível, de modo que posteriormente o jornalista faça um contato mais efetivo com o seu assessorado.

A apresentação do *press kit* é importante. Ele deve estar acondicionado em uma pasta de papel em que textos, fotos e documentos, bloquinhos de anotações e canetas estejam dispostos de uma forma lógica, seqüencial e sejam de fácil consulta e manuseio. Enfim, tudo é feito para facilitar a vida do jornalista.

15

As mídias impressas e as demais mídias

> *Os homens que exercem a profissão de jornalista parecem constituídos como os deuses de Walhalla, que se cortavam em pedaços todos os dias e acordavam em perfeita saúde todas as manhãs.*
>
> EDGAR ALLAN POE

Mídia vem do inglês *media*, plural de *medium*, palavra latina que significa meio. Designa os meios de comunicação ou veículos responsáveis pela difusão da informação a um público amplo, heterogêneo e anônimo. Isso inclui a mídia impressa (jornais e revistas), e a mídia eletrônica (emissoras de rádio e televisão), além da chamada *new media* (já nem tanto – internet e outros meios).

O poder de influência perante a opinião pública e, em decorrência, a capacidade de interferência na realidade conferem atualmente à mídia um papel de relevância no contexto social em que atua. Por essa razão é chamada de "quarto poder", numa comparação com os poderes Legislativo, Executivo e Judiciário. São evidências desse poder a capacidade de pautar temas de discussão pública, destruir e promover reputações, criar hábitos de consumo e tendências culturais.

Edmund Burke foi o primeiro teórico a chamar o jornal de "o quarto poder".

O quarto poder

A democracia ocidental repousa na divisão dos poderes; admitindo que o poder único possa dar excelentes resultados, porém mais freqüentemente catástrofes, ela prefere uma partilha, necessariamente defeituosa, mas que, pelo jogo das compensações, permite certo equilíbrio e evita sempre o pior.

Os três poderes clássicos – Legislativo, Executivo e Judiciário – não são os únicos. Entre outros, pode-se citar o poder de informar.

A questão do poder de informar foi resolvida, ou assim parece, pela fórmula: liberdade de imprensa. Não se tem conhecimento de nenhuma outra, pelo menos até o momento.

Dizem que a imprensa é o chamado quarto poder. Mas, se pensarmos bem, em algumas situações que requerem urgência, informação é o primeiro poder, reflete o padre Attilio Hartman, um especialista da área de comunicação da Igreja Católica, com prática de 2 mil anos no estudo de símbolos. Num caso de tomada de poder de um país qual é o ditador que não fecha primeiro o acesso aos meios de comunicação?

A lembrança de revoluções desencadeadas pelos ataques à liberdade de imprensa ainda inspira plenamente nossas instituições, embora elas tenham evoluído amplamente em outros pontos.

O convívio dos jornalistas com o poder se revela até nos mínimos detalhes na rotina de uma assessoria de imprensa. Há jornalistas que trabalham em redações de jornais que passam a atacar sistematicamente certos poderes públicos, e nesses locais sempre existe o setor de comunicação. Quando há problemas na área, o primeiro profissional a ser lembrado é o homem de comunicação. Há casos em que um assessor de imprensa tem relações de amizade com seu colega que está atacando a instituição. Quando isso ocorre é bom separar as coisas, saber que não há nada de pessoal nas críticas.

Bombardeio de verdade

Os estrategistas insistiam em dizer que era preciso conquistar "corações e mentes" de cada soldado. Só que a verdade ganhou do processo de lavagem cerebral.

Na Guerra do Vietnã a notícia sobre os horrores do conflito chocou a opinião pública mundial e contribuiu para um acordo de paz.

As reportagens sobre a Guerra do Vietnã nos deram um bom exemplo do que é verdade: os jornalistas que cobriam o conflito, confuso e complicado, jamais conseguiram chegar ao verdadeiro sentido da guerra. Podiam entrevistar e transmitir o que os generais americanos diziam, o que uma parte das tropas americanas e sul-vietnamitas haviam realizado e aquilo que um segmento dos "vietcongues" tinham feito durante o dia, mas isso eram "fatos" da guerra. Só agora estamos começando a saber da "verdade" a respeito da guerra.

A falha, tanto da parte dos jornalistas como do público, em ver o jornalismo como uma questão de *fatos* e não uma questão de *verdade* tem causado muitas frustrações entre esses profissionais e um mal-entendido generalizado a respeito da função do jornalismo na nossa sociedade.

No Vietnã os repórteres começaram a fazer perguntas mais incisivas e a procurar por conta própria as informações sem a escolta dos militares tentando saber o que estava acontecendo.

Um dos repórteres, Harrison Salisbury, do *The New York Times*, chegou mesmo a ir a Hanói, a capital do inimigo, para colher informações que lançaram dúvidas a respeito das declarações do Pentágono de que não estavam bombardeando objetivos civis no Vietnã do Norte, e sim, apenas objetivos militares.

As matérias de Salisbury em 1966 e a cobertura cada vez mais crítica, feita por repórteres e fotógrafos no Vietnã, sem dúvida contribuíram para o desencanto do público americano perante a guerra, atitude que, como uma bola de neve, acabou forçando o governo a se retirar do conflito sem vitória.

Editoriais

Para melhor entender a mídia, é básico entender que cada veículo elege um público-alvo e uma linha editorial, aspectos que podem ser apreendidos pelo conhecimento regular e atento do conteúdo e da estética de cada veículo.

Os editoriais, espaços em que os veículos expressam suas posições acerca dos temas atuais, dão pistas mais explícitas sobre a linha de cada um. Editoriais expressam o pensamento dos donos dos jornais e obedecem a critérios estabelecidos por esses donos e transmitidos por um editor que, por sua vez, repassa os temas aos editorialistas, profissionais com grande experiência que escrevem anonimamente do ponto de vista do dono do jornal.

Um assessor de imprensa atento pode descrever para o executivo da companhia qual é a linha editorial de cada jornal e o que os diferencia. De modo geral, o administrador de empresas sabe o que cada jornal quer, é só verificar atentamente as manchetes e ler as reportagens que sempre tendem para determinado político ou grupo econômico. Mas é sempre bom trocar idéias com alguém do ramo para que eventuais questões pouco claras possam ser elucidadas. Um editorial define muito bem qual é a posição de um órgão de imprensa, mas as reportagens também se apresentam editorializadas; aí a confusão aumenta e não dá mais para acreditar que a comunicação segue uma lógica cartesiana.

As ondas do rádio

De todos os meios de comunicação o rádio é ainda o mais ágil, instantâneo. Em 2002 o rádio comemorava 80 anos de existência. Exercia, no entanto, um poder imenso. Eram 5 mil emissoras comerciais de rádio em AM e FM em operação no Brasil, das quais 3 mil pertenciam diretamente a políticos, em geral deputados, senadores e governadores de diferentes partidos.

Ao todo operavam 1.028 freqüências e canais de rádios AM e FM (e de televisão), dados em troca de favor, levando-se em consideração a máxima franciscana do "é dando que se recebe". Dados parciais indicam que mais de 30% das 2.802 concessões hoje no país estão em mãos de políticos.

O rádio atinge 88% do total de residências no país. Dados de 1989 destacam que cerca de 84% da população é atingida pela tevê e 88% pelas rádios – e segundo levantamento de 1988, a média de residências do país assiste à tevê cerca de 6 horas e 40 minutos diariamente.

Há emissoras de rádio que vivem do noticiário, dão notícia o tempo todo em que estão no ar. O rádio tem um efeito multiplicador de informação. Está ao alcance da maioria da população e atinge regiões mais afastadas dos centros urbanos. O ouvinte geralmente está envolvido em outras tarefas e faz duas coisas ao mesmo tempo. Pode estar atarefado e ouvir rádio sem que isso signifique prejuízo ao seu trabalho.

O programa *A Voz do Brasil* transmitido diariamente pela Radiobrás tem tanta importância para os políticos que muitos parlamentares fazem questão de informar aos repórteres o que eles estão apresentando em plenário porque têm certeza de que seus eleitores tomarão conhecimento pelas ondas do rádio.

Na tela mágica

No largo horizonte de relações da sociedade com os meios de comunicação, há que se destacar o fato de que cada um deles – 330 jornais diários, revista, rádio, pontos de *outdoors*, livro, propaganda, agência de notícias, cinema, internet – desempenha o seu próprio papel, cabendo à televisão uma influência maior.

No Brasil, cerca de 74% dos domicílios são atingidos pela tevê, um porcentual maior nas áreas urbanas, onde chegam a 84%, sendo o quinto país do mundo a alcançar esse índice.

A televisão, que apareceu pela primeira vez no Brasil em 1950, acentua sua penetração nas camadas mais numerosas da população e a imprensa, nos setores mais esclarecidos, aqueles que acumulam leitura com prestígio social.

É por isso que a briga dos assessores de imprensa para tentar emplacar uma pauta nos telejornais da Globo e a dificuldade com o resultado são sempre os pontos mais polêmicos do painel de debates em que se discutem em público a questão.

A pauta de televisão tem como centro de seu trabalho o espetáculo da notícia, tudo o que envolva uma boa história bem contada e que tenha choro, preferencialmente. Nos telejornais apresentados no horário nobre, às 8 da noite, há um editor de emoções, um profissional que escolhe as imagens que farão o telespectador se compadecer diante do quadro apresentado.

Mas é preciso que se entenda o papel de cada um – de um lado, o telejornal, e de outro a companhia que quer atingir maior público possível – para que haja cooperação entre produtor de televisão e assessor de imprensa. O argumento sempre apresentado é que em tese o papel do jornalista de tevê consiste em informar com transparência, retidão e ética. O jornalista de redação sabe que o assessor de imprensa luta pelos interesses de seu cliente. O ideal é juntar os dois – interesse do cliente e do público – para, finalmente, decidir o que é ou não notícia. E tudo pode virar notícia, de acordo com o enfoque.

Uma queixa comum entre os jornalistas que trabalham em tevê é de que o assessor de imprensa não conhece o perfil dos telejornais. Ignora o trabalho com imagem. Na tevê utilizam-se muitos recursos de imagem. Mas os assessores prometem o que não existe ou o que não está fechado. Exageram na importância da informação. O pessoal da redação de tevê reclama de assessor de imprensa que não deixa o repórter falar com seu cliente, que vende como exclusivo o que não é, e que manda a pauta em cima da hora.

Ao trabalhar com a tevê deve-se saber que o telejornalismo é cada vez mais espetáculo. Os limites entre o entretenimento e a informação estão se esvaindo cada vez mais. Pautas devem ser fundamentalmente atraentes, interessantes, independentemente da seriedade do assunto.

São as regras do jogo e é preciso saber como conquistar um lugar nesse horizonte.

16

Sugestões de pauta

> *A questão da comunicação está longe de atingir a dimensão necessária, a dimensão da saúde, da educação, da alimentação, da habitação. O direito à informação – e o acesso aos meios – é condição essencial para a cidadania, a conquista da democracia.*
>
> FERNAND TERROU

Pauta é, no jargão jornalístico, o conjunto de assuntos que uma editoria está cobrindo para determinada edição do jornal; é a série de indicações transmitidas ao repórter, não apenas para situá-lo sobre algum tema, mas, principalmente, para orientá-lo sobre os ângulos a explorar na notícia. É uma espécie de início de tudo. O começo do jogo.

Uma boa reportagem ou uma nota bem colocada em uma coluna de jornal traz mais repercussão e é mais importante na formação do conceito sobre a empresa do que a tentativa de veicular a informação que interessa mais à instituição do que ao público. O que interessa à mídia não é necessariamente o que a empresa pretende divulgar.

Um assessor de imprensa tem de orientar seu cliente para priorizar o atendimento ao jornalista. Muitas vezes o repórter tem de fazer várias matérias no mesmo dia. Mesmo que ele tenha uma especialização, e seja um repórter de economia de um jornal, ainda assim é possível que tenha várias pautas a cumprir dentro daquela área especifica.

Se um repórter consegue realizar com facilidade seu trabalho, certamente se sentirá estimulado a voltar a entrevistar a mesma pessoa, em outra ocasião. Sempre que bem atendido, o repórter é como o consumidor de todos os dias, ele sabe que se criou um relacionamento de confiança.

O entrevistado é para o repórter uma fonte a ser conquistada. Para isso é importante que o entrevistado seja objetivo. Deve evitar divagações ou informações desnecessárias. Mencionar algum detalhe do cotidiano, comentar a vitória do seu time predileto é válido, mas somente por pouco tempo. Não é aconselhável ficar horas e horas divagando sobre os problemas que afligem o mundo, quando o assunto está à espera para ser explorado. Outra coisa: ao entrar no assunto propriamente dito da entrevista, evitar termos técnicos. Usar frases curtas e simples. Nunca pedir para ler o texto antes de ser publicado, nem checar as anotações, porque não há nada mais irritante para o jornalista do que se ver testado por quem ele está entrevistando.

Não se pode esperar que o jornalista de redação de jornal faça o texto exatamente como o entrevistado planejou em sua imaginação. Os veículos de comunicação têm seus próprios meios de apurar e de apresentar um assunto, por esse motivo nem sempre eles se valem unicamente de uma entrevista. É comum na rotina de um repórter ligar para várias fontes ao mesmo tempo, para ter a certeza de que o assunto está sendo bem explorado.

Quando sentir que a reportagem foi favorável à companhia, é recomendável ligar para o jornalista, cumprimentá-lo ou, se for o caso, escrever uma carta oficializando sua satisfação. Mas não convém banalizar esse procedimento sob o risco de dar a impressão de uma pessoa intratável – no jargão das redações, os chamados "malas".

Caso tenha sido veiculada uma informação falsa, equivocada, antes de procurar o jornalista que redigiu a reportagem é bom trocar idéias com o assessor de imprensa. Nesse caso, convém manter contato com o veículo por intermédio do assessor de imprensa para que possa ser feita a correção. Providenciar com rapidez uma carta à redação, mas não deixar de comunicar o fato ao repórter que o entrevistou. Muitas vezes o próprio repórter trata de fazer a correção. Começa-se, assim, um bom e sincero relacionamento entre fonte e repórter, o que, convenhamos, não é pouca coisa.

Espaço editorial e espaço publicitário

> *Se dependesse da minha decisão de ter um governo sem jornais ou jornais sem um governo, não hesitaria um momento em preferir a segunda alternativa.*
>
> THOMAS JEFFERSON

Notícia empresarial é a informação apurada na empresa ou dela originada (pelo empresário ou pela assessoria), com o mesmo caráter de relato dos fatos ou acontecimentos que qualifica a matéria jornalística, segundo critérios de atualidade, interesse ou significado para o público.

Publicidade, ao contrário, é uma informação paga, de natureza promocional, e com o objetivo de persuadir, que se obtém geralmente pela repetição da mensagem com objetivo mercadológico.

A publicidade é também uma informação, mas em sentido amplo. Suas características são outras, tanto na forma como no conteúdo: o efeito pretendido pela informação publicitária perante a opinião pública é o de ressaltar apenas o lado positivo de um produto, serviço ou uma imagem, mediante técnicas que excluem a neutralidade. Muitas pessoas que não têm muita familiaridade com o assunto pensam que publicidade é um trabalho apenas de inspiração, que há um toque de gênio em cada comercial apresentado. Mas há mais trabalho e transpiração do que propriamente inspiração, enfatiza o publicitário Luiz Fernando Furquim. Em algumas peças em que trabalhou houve necessidade de longas e enfadonhas entrevistas, e o profissional de publicidade ficou encantado à primeira vista com os dados coletados, exatamente como acontece muitas vezes com um repórter. Depois de conferidos os dados e devidamente discutidos com seu chefe, esse publicitário chegou à conclusão de que seu entrevistado foi muito gentil, interessante do ponto de vista humano, apresentou alguns lances folclóricos, mas, no fundo bem fundo de tudo, a informação dada pelo entrevistado foi pouca ou nenhuma. Uma nulidade. O trabalho teve de ser refeito até ficar bom.

Qual a diferença entre publicidade e notícia?, esta é a pergunta de sempre. Nesse caso dá para responder em poucas palavras: enquanto na publicidade se tem certeza da publicação (afinal, o cliente está pagando pelo espaço requerido), no setor editorial nunca sabemos o que pode acontecer.

Os empresários, de modo geral, acham que basta pagar publicidade para aparecer nos jornais, pensam tratar-se de algo automático. Se fosse assim, as grandes corporações estariam livres das notícias ruins. Mesmo os grande anunciantes volta e meia vivem metidos em confusão, e não há noticiário que possa segurar.

Houve de fato um tempo em que bastava anunciar para que a companhia em dificuldade nunca mais aparecesse no noticiário. Lendas no jornalismo dizem que, quando os repórteres viam alguns donos de empresas conversando com os diretores de jornais, era sinal de que no dia seguinte não se poderia nem pensar nessa organização, quanto mais levantar dados ou tentar veicular alguma denúncia na edição seguinte. Esse tempo acabou, mesmo porque as visitas à direção de redação de jornais são até mesmo anunciadas em colunas de notas, como uma indicação de que nada acontece por trás dos bastidores, que tudo ocorreu dentro dos limites da transparência e dos limites da ética. Há um compromisso de não se revelar o assunto que foi conversado, apenas se publica o registro da visita.

Uma reportagem favorável vale mais que mil anúncios publicitários. Não se pode esquecer disso. Exatamente pelo conteúdo de veracidade e de credibilidade que carrega consigo. Uma reportagem favorável contribui para melhorar a admiração da opinião pública por quem deu a entrevista ou pela empresa objeto da reportagem. Para isso é preciso apresentar nessa entrevista todas as qualidades que se requer de alguém que trabalha para o bem da sociedade: transparência, comprometimento com o social e honestidade de propósito.

18

A mídia em tempo de crise

> *Imagem é como um saldo no banco – de repente, pode-se precisar dele. Não dá para começar a fazer comunicação na hora da crise. Credibilidade não se conquista de uma hora para outra.*
>
> JOSÉ EDUARDO GONÇALVES

Como planejar a comunicação corporativa a curto, médio e longo prazo diante de cenários em constantes mudanças? Esse é o grande desafio.

A reputação de uma pessoa é como a credibilidade de uma organização, o seu maior patrimônio.

A maior cadeia varejista do mundo, nos Estados Unidos, que emprega grande número de pessoas e é o segundo maior setor do mercado, precedido apenas da indústria automobilística, tem medo do impacto ambiental que as megalojas produzem em pequenas cidades.

Em uma cidade litorânea do estado de São Paulo, uma rede de supermercados construiu sua maior loja próxima de uma pedreira. Uma noite alguém, não se sabe quem, espalhou que o freguês que comprasse ali poderia ser vítima de uma tragédia, porque uma grande pedra havia se soltado do morro e estava prestes a cair. Muita gente deixou de comprar naquela loja, temendo ser esmagado pela grande pedra que existiu somente na imaginação de quem inventou a história. O problema foi resolvido anos depois, após exaustivo trabalho de comunicação em que se comprovou não haver perigo algum.

Qualquer situação que escape ao controle da empresa e que ganhe visibilidade pública pode ser considerada uma crise: um acidente, uma denúncia, uma violação de produto, uma greve, um assalto, uma crise envolvendo empregador e seus empregados, um processo judicial, uma concordata, uma reclamação dos clientes nos meios de comunicação e assim por diante.

Seja qual for a origem da crise, o fato é que ela pode afetar os negócios de uma empresa, provocando perdas de lucros, além de colocar a reputação em dúvida, caso a situação não seja bem gerenciada. Nesse caso não é somente entregar o caso para o departamento jurídico e pronto. Ou, como acontece em muitas multinacionais, comportar-se como se estivesse no país de origem, onde a cultura é diferente da nossa, até se esquecendo da máxima de se pensar de forma global mas agir localmente.

Há muitas assessorias de imprensa que colocam o item gerenciamento de crise como um de seus serviços. Jornalista adora argumentar que é um especialista em crise – e, efetivamente, é mesmo. Porque crise é como notícia, nunca tem hora para acontecer e pega a todos desprevenidos. Como uma chama, começa pequena, mas logo cresce numa proporção nunca imaginada e toma conta de tudo rapidamente. Depois que acontece a tragédia vêm as explicações, mas se não houver preparo para lidar com a crise o resultado pode ser ainda pior.

Quando um executivo fala do alto de sua cadeira, cercado de subordinados, é uma coisa, mas quando ele se comunica com a sociedade é bem outra, porque o público não tem necessariamente a obrigação de ouvi-lo, e se as suas argumentações não forem convincentes, o telespectador pode simplesmente mudar de canal.

Um empresário constrói casas para seus funcionários e, ao fazê-lo, tem bons propósitos, não se duvida disso. No entanto, trata-se de um feito que nunca vira notícia, a menos que um dia a casa venha a cair sobre a cabeça de seus pobres empregados; aí sim, fatalmente, ele estará na primeira página dos jornais, como manchete, será a principal estrela do dia – só que no noticiário policial.

O que é bom se divulga

Hoje, tanto no governo quanto no setor privado, nada se faz sem um bom trabalho de assessoria de imprensa.

Com a ajuda de seus especialistas em comunicação, o governo norte-americano, por exemplo, começou a encontrar caminhos melhores para reunir e "embrulhar" informações a serem servidas, com mais eficiência, à imprensa.

Também encontrou outras maneiras de se comunicar com o público, de forma que não dependesse inteiramente dos canais de comunicação independentes e não governamentais. E, em algum momento, ao longo do caminho, o governo descobriu que certas espécies de informações eram melhores do que outras e que não era preciso contar tudo para o povo.

Tornou-se um instrumento da estratégia governamental a criação de imagens e a manipulação das informações para atingir certos fins. Até mesmo a mentira não estava totalmente fora de questão, como aconteceu nos Estados Unidos, quando a imprensa e o povo souberam, em 1960, que, apesar de o governo afirmar não estar usando os aviões U-2 para espionar a União Soviética, um piloto americano fora capturado de um U-2 atingido, piloto este que confirmou estar justamente praticando espionagem aérea.

Arthur Sylvester, porta-voz do Pentágono durante o mandato Kennedy – Johnson, admitiu, em 1962, durante uma reunião com os jornalistas, que a mentira tinha sido anexada ao arsenal de relações públicas do governo: "Acho que é um direito básico, repito, básico, do governo mentir – mentir para se salvar sempre que enfrentar um desastre nuclear".

Trinta anos mais tarde, o governo brasileiro também fez o mesmo, na mesma linha de raciocínio do seu colega norte-americano, quando um ministro de Estado deixou vazar um áudio em que estava sendo entrevistado por um jornalista de Brasília afirmando que as boas notícias se divulgavam e as más eram encobertas.

Globalização econômica

A economia e o mundo giram em torno da informação, em uma nova realidade marcada pela globalização econômica e também pelos meios de comunicação.

O sociólogo e professor Octavio Ianni contou que a supremacia do neoliberalismo está sendo questionada em todo o mundo. São poucos os que ainda acreditam na "nova ordem econômica mundial", "mundo sem fronteiras", "aldeia global", "nova economia" ou "fim da história".

Depois da euforia provocada pela queda do Muro de Berlim, desagregação do bloco soviético e transformação do mundo socialista em uma vasta fronteira de expansão do capitalismo, muitos começaram a dar-se conta de que os "impasses", "obstáculos", "perigos" ou as "ameaças" não só continuaram presentes como se revelaram crescentes. Logo muitos começaram a reconhecer que o "sistema de mercado", o "sistema capitalista liberal" ou o "sistema liberal globalizado", com suas "fortalezas norte-americanas e européias", estavam, estão e continuam sujeitos a comoções, crises, anomalias e desastres. Florescem guerras e revoluções, narcotráficos e terrorismos, desastres e fundamentalismo; compreendendo povos e nações, culturas e religiões.

Em poucas décadas, dissolvem-se as ilusões da nova ordem econômica mundial, mundo sem fronteiras, aldeia global, nova economia, fim da história.

Milhões de dólares são gastos direta ou indiretamente para divulgar a ideologia neoliberal. Anúncios de televisão, revistas e jornais incensam os mesmos conceitos em ritmo alucinante. A própria notícia de jornal sai da cabeça do pauteiro direcionada. Os sinais estão em cada página e em discursos publicitários de candidatos neoliberais a cargos públicos. Protestam contra os serviços públicos, mostram-se favoráveis à privatização, em abertura para a modernização do mercado internacional, e aquela lengalenga de sempre.

O sociólogo filipino Waldern Bello, diretor-executivo da Focus on the Global South, lembra da publicidade nazista quando fala da lavagem ideológica promovida por instituições liberais corporativas: "A necessidade da Organização Mundial do Comércio é uma das maiores mentiras de nosso tempo e sua aceitação é ocasionada pelo mesmo princípio prático de Joseph Goebbels: a mentira repetida incessantemente torna-se verdade".

ID# Relacionamento com a imprensa

*O jornalismo mostra o
perigo: não o cria.*

GIRARDIN

Se alguém imagina que o trabalho de uma Assessoria de Imprensa se restringe apenas ao envio de texto para as redações de jornais e de sua eventual publicação, está totalmente enganado.

Para garantir um relacionamento permanente e continuado da presença na mídia é importante, sempre que possível, manter contato pessoal com o jornalista e estabelecer visita à imprensa, levando-o a conhecer pessoalmente todas as atividades desempenhadas pela empresa.

A Assessoria de Imprensa vai organizar o material de apoio, receber o jornalista e buscar atender às suas necessidades, tanto de informação como de materiais. O contato pessoal é sempre gratificante por estreitar ainda mais os laços de amizade e fazer com que o interlocutor não seja apenas mais uma voz do outro lado da linha.

Ações de comunicação representam um investimento lucrativo porque estreitam relações com clientes, fornecedores, funcionários, imprensa e comunidade. Permitem o fortalecimento planejado da imagem institucional. Programas que envolvam assessorias de imprensa, organização de eventos, edições de publicações, planejamento cultural ou esportivo, ações na comunidade, entre outras – enfim, tudo aquilo que já detalhamos em capítulos deste livro –

devem ser estabelecidos segundo uma noção global de comunicação e estar fundamentados em clara visão estratégica.

Quanto mais forte for a presença da empresa na opinião pública, mais facilmente serão reconhecidos seus produtos e serviços. Esse é, afinal de contas, o objetivo que todos procuram ao desenvolver seus trabalhos.

Mas é preciso também preparar os executivos, fazê-los perceber a importância do bom relacionamento com a imprensa, para aceitar que, muitas vezes, exercer o papel de fonte de informações vai lhes dar um bocado de trabalho – afinal, nem sempre o executivo tem à mão a maioria das informações que o jornalista procura. Essa preparação pressupõe também deixá-los conscientes de que, em alguns momentos, essa tarefa vai lhes exigir muito jogo de cintura para rearrumar a agenda: o *timing* jornalístico é sempre para ontem. E levá-los a compreender que esse é um investimento de risco, sem garantias; portanto, cada resultado positivo é lucro. Ademais, nem sempre, apesar de todos os seus esforços, eles terão o prazer de ver a matéria editada do jeito que imaginaram.

Na realidade, na maioria das vezes os entrevistados poderão se surpreender com a forma de edição – e, em muitos casos, de forma positiva, mas aí eles dificilmente darão o braço a torcer, sobretudo para os seus assessores de imprensa.

O que mais se ouve nas Assessorias de Imprensa são constantes reclamações de que quando se pensava que o empresário estava satisfeito com o que havia saído na imprensa, ele ainda exigia mais, perguntando por que não tinha sido entrevistado por outra emissora de televisão ou por um repórter de outra revista semanal com maior tiragem do que aquela que havia dado algumas páginas (até com certo exagero) para sua empresa.

Só não se pode reclamar para a mídia, recurso a que os donos das companhias costumam recorrer quando são próximos a proprietários dos meios de comunicação. Um parlamentar bastante influente se julgava amigo do dono de uma empresa que fazia a revista semanal de informação mais bem-sucedida no país. Ao reclamar da publicação de uma reportagem que desmentia ter o parlamentar um dia dado aulas em Haia, o dono da empresa disse que não poderia fazer nada para desfazer a notícia, pois a revista tinha um diretor com autonomia para decidir o que publicar; além do mais não via sentido em chamar a atenção de um profissional que ele próprio havia contratado. Nesse jogo de empurra-empurra acabou ficando tudo na mesma, ou seja, não houve desmentido algum. Outras vezes acontece de os desmentidos serem publicados depois de longa batalha judicial e então já não terem o menor sentido.

Em várias ocasiões os jornalistas de assessorias de imprensa costumam dizer sinceramente preferir fazer parte do círculo de amizade de um repórter ou chefe de reportagem do que do de um dono de jornal, com a certeza de que nunca abusarão dessa confiança passando dos limites.

20

Planejamento e promoção de evento especial

> *Um jornal é um organismo vivo, impregnado da vida dos que nele trabalham, imprimindo por seu espírito, animados por seus ideais e pensamentos, o veículo vivo de sua própria aventura cotidiana.*
>
> PHILIP GIBBS

Entrevista coletiva é um grande evento na vida de qualquer empresa.

Trata-se de um evento muito especial porque nem mesmo o presidente dos Estados Unidos convoca a imprensa todos os dias, a não ser, é claro, em caso de guerra. Muitos empresários à frente de corporações pensam que podem convocar a imprensa a qualquer hora, esquecendo que, antes de tudo, eles têm de ter uma notícia sensacional em todos os aspectos, caso contrário não haverá a menor chance de a coletiva ocorrer e eles encontrarão somente frustração pelo caminho.

Uma entrevista coletiva só deve ser convocada se for efetivamente necessária, ou seja, caso se trate de assunto relevante, de interesse para a opinião pública e que demande esclarecimentos, fornecimento de detalhes e checagem de dúvidas que um *press release* ou uma entrevista individual não comportaria. Ignorando-se esses aspectos, corre-se o risco do esvaziamento, isto é, o comparecimento de um número inexpressivo de entrevistadores, uma vez que a pauta da editoria de economia varia bastante e podem ocorrer fatos extraordinários que exijam a presença de repórteres com mais urgência do que a reportagem anteriormente programada.

Uma entrevista coletiva pode ocorrer também como meio de viabilizar e organizar o atendimento a solicitações diversas, de diferentes veículos, para informações sobre um mesmo assunto. Nesse caso, cabe incluir esse esclarecimento na convocação e na abertura da entrevista.

A convocação de uma coletiva deve envolver alguns cuidados, ainda que o assunto demande urgência. Como procedimentos elementares, deve-se convidar rigorosamente todos os veículos, para um horário que idealmente deve se situar entre o começo e o meio da manhã ou da tarde, e informar previamente o assunto, sem esgotar antecipadamente o conteúdo da entrevista.

É fundamental reunir todos os subsídios considerados necessários – por exemplo, *press releases*, relatórios, documentos, vídeos, fotos – e proporcionar as demais condições para que a entrevista transcorra satisfatoriamente. Isso abrange desde a garantia de livre acesso das equipes de reportagem ao local, estacionamento para os respectivos veículos até a disponibilização de material para anotações, tais como bloco e caneta.

Acomodações e serviços são igualmente importantes, mas devem ser adequados à ocasião. Assim, mesa e cadeira são mais eficientes do que poltrona e sofá para quem precisa fazer anotações; água e cafezinho são mais indicados do que lanches, ainda que leves; e um ambiente silencioso é essencial. Já houve casos em que assessores de imprensa tiveram de pedir a equipes de pedreiros que parassem de bater nas paredes, chegando mesmo a implorar que eles interrompessem o trabalho por algumas horas enquanto transcorria a entrevista coletiva. Outra coisa que não pode haver é som ambiente, mesmo que em volume reduzido, ou até mesmo o ar-condicionado, caso o ruído comprometa a audição.

A abertura de uma entrevista coletiva deve ser iniciativa de quem a convocou, e deve se iniciar pela justificativa da convocação. O jornalista, o profissional de Relações Públicas ou o mestre-de-cerimônias pode começar dando uma vaga idéia do assunto que será tratado pelo entrevistado. A partir daí, cabe à fonte introduzir o assunto mediante um relato objetivo e claro, que contemple as informações consideradas fundamentais.

Concluído o relato, a fonte deve se colocar à disposição para as perguntas, administrando o tempo das respostas proporcionalmente, ou seja, de acordo com a importância atribuída a cada questão ou conforme a conveniência de se alongar menos ou mais em relação à abordagem.

No ambiente de uma entrevista coletiva devem estar presentes tão-só os interessados, isto é, a fonte, as equipes de reportagem e os assessores, se o entrevistado considerar necessário. A ocupação dos lugares à mesa deve dar prioridade, naturalmente, à fonte e aos repórteres.

O atendimento deve ser igual para todos os profissionais, sem privilégios, independentemente do veículo que representam. As equipes de tevê podem solicitar entrevistas individuais após o encerramento da coletiva, e é comum que sejam realizadas. Por trabalharem com prazos mais reduzidos, também podem eventualmente solicitar prioridade em relação às equipes de jornais e revistas. Em ambos os casos, considerando que possam evoluir para situações delicadas, o encaminhamento da questão deve ser preferencialmente assumido pela área especializada, sem envolvimento direto da fonte.

Se o assunto em questão for polêmico ou capaz de suscitar questionamentos mais incisivos, redobra a necessidade de a fonte estar preparada para manter a tranqüilidade, assegurar o direito de expressão dos entrevistadores e exercer adequadamente o domínio da situação, evitando a polarização de posições e buscando o entendimento e a convivência formal, mesmo que as opiniões sejam divergentes.

No encerramento, o entrevistado deve despedir-se das equipes, agradecer a participação na coletiva e colocar-se à disposição para esclarecimentos e informações complementares.

Se esses procedimentos forem seguidos à risca, não haverá possibilidade de erro.

Restará ao entrevistado aguardar o noticiário da noite pela televisão e as reportagens estampadas nos jornais no dia seguinte. A ansiedade é grande, mas essa é uma das grandes alegrias de um assessor de imprensa: aguardar para ver no dia seguinte o que foi publicado. A sensação é a mesma do repórter quando vê sua matéria bem editada e, melhor ainda, quando ela leva a sua assinatura.

Quem vai ser o porta-voz?

> *Quanto mais importância tem uma coisa ou pessoa, tanto menos falarão dela os jornais, e, em troca, destacarão em suas páginas o que esgota a sua essência em ser um "sucesso" e em gerar uma notícia.*
>
> ORTEGA Y GASSET

De modo geral, o porta-voz é o diretor-presidente ou o dono da empresa. É ele quem fala pela empresa. Mas os outros diretores também podem assumir esse papel; por essa razão é aconselhável que o assessor de imprensa apure quem tem mais talento para exercer essa importante função. Antes de tudo, é preciso entender muito bem a missão da empresa para que o porta-voz possa transmitir essa idéia ao grande público.

Pelo bom senso, o porta-voz eficiente deve entender que sua principal missão é atingir o público-alvo da empresa e saber aproveitar ao máximo as oportunidades que a mídia eventualmente oferece. Mas, para chegar a esse ponto, ele precisa passar por um treinamento.

O jornalista nunca pode assumir o papel de porta-voz, porque quem trata dos interesses da empresa ou é o seu presidente ou algum diretor credenciado, podendo também ainda ser o gerente. Jornalista só é porta-voz quando não há outra alternativa. Isso porque o repórter prefere entrevistar o empresário, que representa mais a companhia do que o jornalista, mesmo que este esteja plenamente identificado com a empresa em questão.

Em grandes companhias, principalmente as estatais, é comum deparar com um conjunto de siglas que, se para o público interno tem algum sentido, para quem está de fora não quer dizer absolutamente nada. Portanto, se o porta-voz pensar em termos de siglas, como está acostumado a fazer no seu dia-a-dia, pode esquecer. O público não tem nada a ver com esses códigos de conduta interna.

O empresário deve levar em conta que um bom motivo para atender o repórter que o procura é que, no momento em que tiver interesse em divulgar alguma notícia, terá canal aberto com o jornalista que o consultou anteriormente e que o tratou bem.

O bom relacionamento com a mídia é fundamental quando se deseja dar ao público uma informação, constrói-se em circunstâncias assim, muitas vezes fortuitas, e não quando se precisa tirar proveito dele. No momento em que o empresário necessitar recorrer ao jornalista, é fundamental que eles saibam quem é o entrevistado e que tenham algum conhecimento da empresa ou entidade.

É preciso saber que a imprensa está apenas servindo de ponte para a sociedade, e o que ela faz é veicular uma informação para um maior número de pessoas, essa é a sua função.

O porta-voz, ao dar entrevista, na prática está "vendendo" uma boa imagem da empresa ou do órgão público que ele representa, e por isso mesmo deve saber dosar o número de vezes que pode aparecer. Não basta aparecer simplesmente para satisfazer o ego do empresário. Diante das luzes acesas, sob o calor dos holofotes ou mesmo na presença de um repórter fazendo-lhe perguntas sempre com muita astúcia, é comum a fonte se exceder, fazer comentários fora do contexto ou extrapolar no seu direito de errar. Nesse caso é bom que o assessor de imprensa comente claramente sobre o que aconteceu, mesmo sabendo que será de pouca ou nenhuma ajuda diante do estrago já feito.

O entrevistado não pode pedir para determinada notícia não ir ao ar, isso está fora de seu alcance. Se ele tiver alguma relação de amizade com o dono dos meios de comunicação e se sentir à vontade para pedir certos favores, é bom saber que o preço a ser pago será alto. É recomendável que nunca faça isso, abusar dos amigos; nesse caso é melhor arcar com as conseqüências dos erros eventuais e partir para outras ações.

22

A divulgação ajuda ou atrapalha a imagem de uma empresa?

> *O que censuro aos jornais é fazer-nos prestar atenção todos os dias a coisas insignificantes, ao passo que nós lemos três ou quatro vezes na vida livros em que há coisas essenciais.*
>
> MARCEL PROUST

Empresas e instituições estão cada vez mais conscientes de que investimentos na comunicação são vitais para a sobrevivência e o sucesso nos negócios e nas atividades. Isso não apenas para expor seus produtos, serviços e suas marcas, mas também, e principalmente, para criar canais de diálogo com os diferentes públicos e reforçar sua reputação e credibilidade.

Há muito tempo as empresas entenderam que as companhias mais produtivas praticam qualidade, investem na preparação técnica dos profissionais, são mais ágeis e competitivas em qualquer cenário geográfico. Mais ainda: elas promovem mudanças culturais cujos paradigmas são a ética, a qualidade de vida, o respeito aos direitos individuais e coletivos.

As empresas compreenderam também que é preciso trabalhar a comunicação integrada à organização. Antes, o trabalho de assessoria de imprensa era visto somente como uma tarefa de se relacionar com a mídia. Hoje, a comunicação engloba clientes, acionistas, fornecedores e funcionários. Houve uma sofisticação dessas relações, partindo de uma idéia simples, a de que comunicação é diálogo e exige transparência.

Os pauteiros de televisão explicam que, quando vão falar com os responsáveis de uma fábrica que está em greve, ninguém atende. Aí eles ligam como clientes e obtêm toda a informação de que estavam precisando. Notícias assim escapam do controle das assessorias de imprensa e podem tomar outros rumos que não ideais, com conseqüências muitas vezes lamentáveis.

Os empresários precisam entender que a imprensa os procura para que eles possam se expressar; mesmo quando as notícias não são favoráveis, isso não significa que os jornalistas tenham algo contra a companhia, eles estão apenas se posicionando contra os deslizes para que novos erros não sejam cometidos.

A troca de informações é de grande importância porque os rumos da sociedade são os mesmos da empresa. Uma depende da outra.

Sustentabilidade

As empresas também entenderam que não podem mais lançar ou manter um produto no mercado considerando apenas os custos econômicos. Em nome da sobrevivência do planeta e da raça humana devem ser igualmente considerados os custos sociais e ambientais, desde o começo até o fim da vida útil do produto.

Para definir o conjunto de regras e questões que envolvem o presente e o futuro de um produto e sua relação com o meio ambiente, os norte-americanos criaram um neologismo: sustentabilidade.

Sustentabilidade significa fazer escolhas pensadas, tendo o conhecimento para agir de modo que não arrisque o futuro de nosso planeta e seus habitantes.

Enquanto isso, a pauta das revistas semanais tem sido apresentada como se seus editores vissem o mundo com o binóculo do lado contrário e indiferentes à realidade.

Para reforçar essa idéia, basta ler com senso crítico uma dessas revistas que circulam em todo o país. O economista João Pedro Stédile, dirigente do Movimento dos Trabalhadores Rurais Sem Terra, observa que, ao abrir uma revista semanal de informação aparecem como problemas da sociedade, por exemplo, a instabilidade monetária, a Tailândia ter provocado alta ou baixa na Bolsa, ou, no máximo, questões ligadas ao trânsito ou à criminalidade, que se repetem sempre, e que no fundo já são conseqüência da própria discussão na nossa sociedade, feita pelas elites dominantes, mas que foge completamente da verdadeira raiz dos problemas.

Deve-se levar em conta, primeiro, que todos os grupos empresariais estão concentrados em poucas marcas, e seus dirigentes sabem que há uma grande concentração de riqueza e de poder. Segundo: há uma elevada concentração da propriedade da terra, o monopólio fundiário que está na raiz das desigualdades do nosso mundo rural. Terceiro: a dependência que o país tem do exterior, do capital estrangeiro, não só dos empréstimos estrangeiros (dívida externa), mas da influência que o capital internacional exerce sobre o país. Quarto grave problema: o controle do capital financeiro sobre a nossa sociedade.

Todo o processo econômico praticamente não funciona com o objetivo de gerar mercadorias para atender às necessidades do povo, mas sim, para dar lucro ao poder financeiro, tanto que, quando o setor financeiro baixa sua taxa de lucro, toda a economia sofre um abalo. O capital internacional representado pelas duzentas maiores corporações se utilizou do Fundo Monetário Internacional, do Banco Mundial e da Organização Mundial do Comércio para impor a todos os países do Hemisfério Sul a chamada política neoliberal. Tal política não teve outro papel senão destruir as economias nacionais, submetê-las à lógica dos interesses das grandes corporações e diminuir o poder de intervenção dos Estados nacionais. O resultado de vinte anos de neoliberalismo: as economias periféricas quebraram e as condições de vida pioraram para o povo.

Um fenômeno mundial

O jornalista e escritor Renato Pompeu conta que, em fins de 1997, leu no tradicional *La Stampa*, de Turim, uma entrevista com o jornalista polonês Ryszard Kapuscinsky – famoso aos 67 anos por seu trabalho em publicações como o *Time* (americano), *Der Spiegel* (alemão) e *Le Monde Diplomatique* (francês) – que dá uma idéia de por que tudo isso acontece.

Segundo Kapuscinsky, "o redator-chefe ou o diretor de um periódico não exige mais que uma informação seja verdadeira, mas que seja interessante".

Detalhe: o jornalista polonês trabalhou tanto nas grandes revistas ocidentais quanto em seu país durante o regime comunista. "Antigamente, a veracidade de uma notícia representava o seu maior valor. Em nossos dias, o redator-chefe ou o diretor de um jornal não exige mais que uma informação seja verdadeira, mas que seja interessante. Se se considera que a notícia não é interessante, ela não é publicada. Do ponto de vista ético, é uma mudança considerável".

Kapuscinsky prossegue afirmando que, antes da difusão da televisão, cada jornalista, ao assinar um artigo, se responsabilizava pessoalmente pela informação que transmitia, mas hoje não há ninguém que seja pessoalmente responsável por nenhuma notícia divulgada: "Na televisão, antes de chegar à tela, uma informação passa por dezenas de mãos; ela é cortada, fragmentada, para finalmente não ser mais identificada com uma pessoa. O autor desapareceu. Isso é importante porque, nesse contexto, ninguém mais é responsável diretamente pela informação". A despersonalização da informação, conforme Kapuscinsky, atingiu um tal grau que, nos Estados Unidos, os jornalistas, principalmente os de televisão, não são chamados mais de jornalistas, e sim de "trabalhadores da notícia".

A saúde dos trabalhadores da notícia

Os "trabalhadores da notícia" têm o nível de glicose abaixo do padrão mínimo exigido pela Organização Mundial de Saúde (OMS). Sofrem pressão alta, hipertensão. Morrem precocemente.

Nos anos 1990 havia uma movimentação em torno do fim da aposentadoria especial para várias categorias de profissionais, entre os quais os jornalistas, o que acabou acontecendo mais tarde. Consagrada pela Lei 3.529, de janeiro de 1959, a aposentadoria especial fazia justiça aos jornalistas, que trabalham na maioria das vezes sob condições adversas e são vítimas freqüentes de males como estresse, hipertensão, distúrbios cardiovasculares, úlceras, neuroses, doenças do pulmão e problemas cerebrais. A Federação Nacional dos Jornalistas apresentou à época uma emenda ao projeto que tentava impedir o fim da aposentadoria especial fundamentada em oito estudos médicos que apontavam resultados preocupantes.

Entidades médicas pesquisaram um universo de 1.140 profissionais de imprensa em Brasília e constataram que 305 tinham o nível de glicose abaixo dos padrões mínimos exigidos pela OMS. Cerca de 20% dos entrevistados, com idades entre 30 e 40 anos, tinham pressão alta. Outro dado estarrecedor: um médico carioca apurou que os profissionais de imprensa morrem mais cedo que os de outras categorias. O jornalista Barbosa Lima Sobrinho, que chegou aos 103 anos de idade, foi uma exceção.

Dentre os males que acometem os profissionais do setor de comunicação, destacam-se os seguintes: hipertensão, média de vida inferior à de outros profissionais, doenças cardiovasculares, doenças do aparelho digestivo, lesões por esforço repetitivo, doenças nervosas como estresse, neurose, ansiedade e depressão, doenças psicossomáticas, problemas visuais, hipoglicemia e estímulo ao vício.

A morte precoce dos jornalistas é atribuída, além de às pressões inerentes à atividade, ao ritmo alucinado de trabalho, jornadas diárias de até 12 horas e a substituição das refeições por lanches.

Além dos agentes nocivos da organização do trabalho jornalístico, a saúde e a vida nas redações e nas coberturas externas estão sempre ameaçadas, seja pela radiação dos terminais de vídeo, barulho, frio e calor dos estúdios, seja pelo trabalho de reportagem em campo, nos hospitais, que expõe o repórter à contaminação biológica por produtos químicos ou pela periculosidade das coberturas dos seqüestros, das ações policiais, dos conflitos sociais, dos acidentes, dos incêndios e de outras catástrofes.

Isso tudo dá uma grande reportagem.

23

A divulgação abre mercado?

> *O jornal exerce hoje todas as funções do defunto Satanás, de quem herdou a ubiqüidade; e é não só o pai da mentira, mas o pai da discórdia.*
>
> EÇA DE QUEIRÓS

Qual é o valor da comunicação empresarial? Vale a pena investir em imagem?

O que talvez se possa afirmar é que destinar verba para o setor de comunicação é investir no futuro. É como uma apólice de seguro: só se percebe o quanto é valiosa quando surge a necessidade de usá-la.

Uma das corporações mais antigas do país mudou a comunicação empresarial começando pelo comando da área, que ganhou o *status* de diretoria. Até o ano de 1990 somente o presidente da empresa falava, mas foi realizado trabalho em que se chegou, no ano de 2002, a mais de 150 fontes. Essa instituição pública sentiu que mudou o mundo, o país e a sociedade, que agora exigem empresas éticas, transparentes e com atitude cidadã.

Até 1993 a comunicação interna da companhia ficava com a área de Relações Humanas, com atividades dispersas e sem um discurso unificado. Aos poucos, tanto a comunicação interna quanto a externa e a institucional foram integradas num único departamento, transformando-se em ferramenta estratégica de negócios e de gestão. A cúpula da companhia se conscientizou de que falar com o público é também uma porta para a realização de negócios. E que, para ter uma comunicação eficiente, era preciso promover uma transformação cultural na empresa, quebrando alguns paradigmas.

Com milhares de funcionários espalhados por todo o país, a companhia realizou sua primeira campanha de comunicação interna em 2001 para divulgar sua estratégia corporativa. Além de boletins e cartilhas, montou uma agência de notícias on-line e uma intranet disponível na mesa de cada funcionário.

Na comunicação externa, a empresa procurou ter uma posição ativa, propondo pautas e encontros constantes com a mídia. Foram realizados cursos para formar fontes, os *media trainings*. Editaram-se dois livretos acompanhados de folhetos com dicas de como realizar uma boa entrevista. Também foram feitas campanhas de publicidade institucional em sites de negócios, agronegócios, investimento e cultura.

Todo esse trabalho envolve uma centena de profissionais, com apoio de uma assessoria de imprensa externa, que também mede a eficácia da comunicação realizada. Foi verificado pelo setor de *clipping* que a empresa tem de seiscentas a setecentas notícias publicadas por mês na grande imprensa.

A companhia passou a entender com mais certeza que comunicação é mais do que uma necessidade, constitui ferramenta estratégica de gestão. Hoje, com a tecnologia altamente desenvolvida e dinâmica, a comunicação é um instrumento de motivação, retenção de talento e de vantagem competitiva.

Nos trilhos da transição

Com outra empresa antes estatal federal também foi assim: após a sua privatização, ela contratou um jornalista com experiência em outra companhia também recém-privatizada. Ao assumir a empresa, o profissional encontrou a área de comunicação meio desativada. A empresa vinha de mais de meio século como estatal.

Foi feito um grande trabalho interno para mostrar às lideranças que a empresa não poderia ficar sem identidade.

O cargo do profissional de comunicação é conhecido como coordenador de Relações Institucionais. A área de comunicação abrange três divisões: relações externas (eventos, congressos e visitas de clientes), publicidade e comunicação visual e uma Assessoria de Imprensa.

Poderia ter adotado outro esquema, como em uma multinacional de origem alemã: comunicação interna, eventos corporativos, marketing, assessoria de imprensa e propaganda.

O grupo interno elabora a estratégia de ação, gerencia as crises e coordena as entrevistas. Para cada evento a empresa faz boletins voltados aos funcionários, clientes e comunidade.

Uma pesquisa nacional com foco nos quatro estados onde ela atua constatou que a empresa assumia uma imagem fechada e distante, como se não tivesse de prestar contas à sociedade. Foi feito um grande esforço para aproximá-la das comunidades, estreitando suas relações com associações de moradores, governos, poder legislativo e imprensa.

Primeira missão: reverter a imagem de empresa poluidora do meio ambiente, decorrente da exploração de minério de ferro, promovendo visitas de grupos representativos das comunidades às suas instalações.

A reserva florestal da empresa foi aberta à visitação pública. Tinha-se antes a idéia de que a companhia era estatal mas fechada; agora passou a ser privada, mas pública.

Foram dados cursos de informática, teatro, artes plásticas, e a empresa ganhou vários prêmios. No Nordeste, o programa Trem da Cidadania levou médicos, dentistas e serviços de cartórios de cidade em cidade, ao longo dos trilhos da companhia. O trabalho continuou a ser desenvolvido durante muitos anos seguidos.

Com o olho lá fora

Em outra corporação, de produção de papel, a área de comunicação participa das discussões de todas as demais áreas. Produz material de divulgação para o público interno, para a imprensa e *newsletters* para organizações internacionais, além de relatórios anuais sociais e ambientais, eventos e a coordenação de publicidade.

Três funcionários da matriz da empresa coordenam e planejam todo o trabalho: um gerente, um assistente e um estagiário.

A homepage, a assessoria de imprensa e o escritório de design (que cuida do visual gráfico dos relatórios e das publicações) são terceirizados.

Essa companhia exporta quase toda a sua produção – daí a grande preocupação com o público exterior, sobretudo com os que divulgam as organizações não-governamentais, sempre atentas às empresas que possam oferecer risco ao meio ambiente.

Para monitorar o que essas organizações não-governamentais andam dizendo pelo mundo afora, a empresa contratou uma consultoria em Londres que navega periodicamente pela internet buscando possíveis focos de crise para a empresa.

A companhia tem 50% de suas ações negociadas em bolsas de valores e os investimentos são muito sensíveis. Os analistas de mercado ficam sabendo alguma coisa sobre a empresa e querem detalhes, minúcias.

E ficam sabendo graças ao trabalho intenso desenvolvido pela Assessoria de Imprensa.

Parte III

Alvo

24

Divulgar o quê? Para quem?

*Jornalista trabalha
procurando emprego.*

JOMAR MORAIS

A publicação de matérias positivas sobre determinada empresa depende diretamente da sua capacidade de ser e gerar notícia. Depende também do seu constante exercício de diálogo com a mídia. Isso implica um relacionamento contínuo, que deve ser uma prática fixa na agenda dos executivos. Não vale o argumento de que esse executivo está com muito trabalho, porque o jornalista também vive atolado de tarefas, algumas de difícil execução.

Uma Assessoria de Imprensa existe para estreitar esse relacionamento entre a empresa e a imprensa, para garantir a motivação interna de modo que se dê esse diálogo, identificando tudo o que na vida comercial e institucional da organização possa interessar aos meios de comunicação. É dessa forma que ela vai falar com a sociedade.

Para que se dê a interlocução com mais tranqüilidade, há alguns procedimentos de ordem prática na rotina de uma companhia.

Quanto mais o assessor de imprensa sabe sobre o que acontece no seu local de trabalho, melhor poderá desempenhar suas funções. É tarefa do responsável pela comunicação da empresa construir uma visão completa e criteriosa da organização em que atua.

O profissional de comunicação precisa ter uma visão da empresa em seu contexto integral, isto é, uma visão global que envolva todas as áreas e não apenas o cliente. Isso significa que os públicos-alvo tradicionais da comunicação empresarial agora são mais amplos, e por essa razão devem ser considerados sob o conceito de públicos estratégicos.

O consumidor final do produto ou do serviço não será atraído de maneira tão eficiente se as ações de comunicação estiverem voltadas somente para ele. Não que o consumidor tenha perdido sua importância, o que seria uma tolice, mas os públicos estratégicos localizados na comunidade e na opinião pública, entre os fornecedores e acionistas, na imprensa e nos governos assumiram importância decisiva nas políticas de comunicação.

Como uma espécie de primeiro passo para o trabalho, é bom deixar de lado toda espécie de desconfiança em transmitir qualquer informação ao assessor de imprensa. Nada de segredos. Devem ser deixadas de lado as atitudes *low profile*.

Gerenciamento da crise

A um dos pontos fortes de atuação de uma assessoria de imprensa deu-se o nome de trabalho de gerenciamento de crises. Existe uma consciência de que a empresa deve ser pré-ativa. Nunca esperar que outras pessoas apresentem suas versões, ela mesma deve falar. Se não se antecipar aos rumores, as coisas podem piorar. Todas as experiências anteriores têm demonstrado exatamente isso. O negócio é deixar de ser lento, tomar uma atitude mais agressiva.

As empresas fazem treinamentos simulando acidentes, falhas nos sistemas de segurança, criam comissões internas para prevenir fogo (literalmente falando), mas esquecem de simular crises numa área fundamental que é a da comunicação.

Há exemplos bem-sucedidos de trabalhos de assessoria de imprensa que fizeram com que prejuízos enormes de bancos tivessem como conseqüência um impacto menor no sistema financeiro. Profissionais da área prepararam cartilhas explicando o que estava acontecendo de verdade, sem esconder índices, números, nada, e o resultado foi surpreendente, porque se descobriu, afinal, que antes de tudo havia problemas de gestão.

Com a divulgação da verdade, a imagem da companhia sai fortalecida porque ela ganha credibilidade.

E, como sabemos, credibilidade é tudo em uma empresa.

Que públicos se deve atingir?

> *Pelas notícias de ontem, o jornal de*
> *hoje faz temer as de amanhã.*
>
> CARLOS DRUMMOND DE ANDRADE

Internamente a comunicação afina os valores da empresa, alinhando os objetivos de todos os que nela trabalham com os objetivos macro da corporação. Para o público externo, ela é edificadora de imagem e reputação.

Nas áreas externas, a Assessoria de Imprensa normalmente coordena as ações com a mídia e a participação da companhia em feiras e congressos do setor em que a empresa atua. Em cada uma das divisões a companhia deve contar com alguns profissionais da área de Relações Públicas, e normalmente o que se vê é um quadro bastante enxuto, onde atuam basicamente na coordenação e no planejamento das atividades.

As reportagens publicadas a respeito da companhia de modo geral são colocadas à disposição na intranet da empresa, sejam elas porque se promoveu algum evento ou mesmo sobre sua rotina de trabalho, por desenvolver uma pesquisa e aplicá-la na prática resultando em ganhos de produtividade, ou que tenham algum interesse a ela relacionado. Isso para que todos os funcionários da empresa tenham conhecimento do que ela está realizando, uma vez que a sociedade já está sabendo, tanto que saiu publicado, e eles não podem ser deixados de lado.

A área de comunicação de uma empresa dá apenas o suporte. Quem faz o trabalho mesmo são as lideranças da empresa, a começar pelo seu diretor-presidente, que em tese deve entender o papel dos comunicadores, uma vez que ele passou pelo programa de *media training*.

A participação do empresário no dia-a-dia da mídia se deve à notícia que tem para anunciar para a sociedade, e nunca deve ser encarada como um culto à personalidade.

É necessário que o executivo escalado para dar entrevista esteja ciente de que ele não fala por si mesmo. Tudo o que ele disser é entendido como a posição da empresa que ele representa. Ele está sendo procurado por um repórter para representar o grupo no qual tem a responsabilidade como líder. Nunca pela cor de seus olhos, nem pelo brilho de seus cabelos, ou pela grife de sua roupa.

É bom ficar claro que nunca se deve reivindicar cobertura jornalística para as realizações sociais ou beneméritas de uma empresa; a mídia é movida por outros parâmetros que nem sempre incluem divulgar necessariamente o que o empresário ou mesmo sua Assessoria de Imprensa possam achar que deve ser divulgado.

Se a imprensa for convocada e não comparecer, paciência, o mundo não vai desmoronar por isso.

Outro procedimento importante: o porta-voz deve se acostumar com a crítica dos noticiários. Há empresário que fica transtornado diante de uma notícia que lhe seja desfavorável ou ao grupo para o qual trabalha. Mas isso tem de ser entendido como apenas uma das regras do jogo. Não se tem reportagens favoráveis o tempo todo; inclusive, se isso acontecer a própria sociedade vai ficar desconfiada, porque não é exatamente a prática dos meios de comunicação elogiar ninguém, seja indivíduo ou grupos.

Uma notícia ruim de vez em quando e que não comprometa a companhia em relação aos seus fornecedores e consumidores até que pode vir a calhar, porque os dirigentes da empresa começam a perceber que não têm unanimidade em tudo. Além disso, se bem aproveitada a crítica e desde que bem-feita e com dados precisos e bem fundamentados, a companhia só pode se sair bem nesse emaranhado de problemas em que todos estamos acostumados a viver. Uma crítica tem de gerar mudanças.

Os empresários podem ter a seu alcance todo tipo de informação, desde que queiram absorver os dados, trabalhar com eles e dar-lhes um sentido. Em trabalho realizado pelo Banco Mundial e entregue aos empresários, lê-se que, por hipótese, se no Brasil a corrupção fosse zerada: 1) a economia informal diminuiria em 50%; 2) a mortalidade infantil, em 51%; 3) a desigualdade de renda, em 54%.

O modelo econômico adotado pelos países da América Latina nos anos 1990 aumentou a desigualdade social no continente. O colapso da Argentina em 2002 é o melhor retrato do fracasso das políticas econômicas preconizadas pelo Consenso de Washington e defendidas pelos governos dos países latinos. Na Argentina, 20 mil pessoas ingressavam na linha de pobreza por dia; 16,4 mil entram na faixa de indigência a cada 24 horas. No Brasil o governo gastava em programas de segurança 10,3% do Produto Interno Bruto por ano. Isso significa o equivalente a um Chile por ano em combate à violência. E os resultados eram pífios. A classe média estava amedrontada ao deparar diariamente com roubo de carros e seqüestros relâmpagos diante de seus olhos.

Em meio a esse cenário, pode-se observar que uma simples e ainda que superficial crítica não consegue abalar em nada a vida do empresário.

Ocorre que o empresário está acostumado a ser bajulado por seus comandados, e, ao se ver diante de números ou mesmo de uma crítica, tem dificuldade de absorver a situação como deveria, acha que o choque pode lhe trazer conseqüências desagradáveis. Não se pensa na empresa.

Há porta-vozes que, se objetos de críticas ou denunciados por pequenos problemas com os quais nem deveriam se preocupar tanto, ficam nervosos e entram em pânico, acreditando que o mudo todo está contra eles. Uma conversa franca com o assessor de imprensa pode atenuar ou mesmo resolver de vez o problema, mas isso se houver diálogo e não um enfadonho monólogo em que a parte mais fraca é uma via de mão única: somente escuta, sem dar sua opinião. A solução muitas vezes não é tão complicada, o clima, sim, é que naquele momento estava confuso.

Assessorias para públicos específicos

> *Um bom jornal, penso eu, é uma Nação falando com seus botões.*
>
> ARTHUR MILLER

Pode-se criar uma assessoria de imprensa para qualquer ramo da atividade humana, basta o interesse e a necessidade de se divulgar informações. Capital, trabalho, política e cultura-entretenimento foram áreas em que o fator notícia manifestou-se com maior freqüência nos últimos tempos.

De modo que cada assessor de imprensa avaliará jornalisticamente todos os acontecimentos que envolvem o assessorado. Para citar um exemplo, em um dos primeiros contatos, um assessor de imprensa disse a um cliente da área financeira que ele não ocupava cargo, não tinha um trabalho na área de bancos, argumentou que ele precisaria ter alguma ligação com instituição econômica, ao que o cliente simplesmente respondeu: "É o que eu tenho", ou seja, nada. O assessor de imprensa teve de partir do zero. Mas obteve bons resultados, é verdade, a começar pela procura de um editor de livros para a tese de doutorado do cliente, e aí ele teve um bom começo de trabalho ao percorrer a mídia com o livro na mão.

Não se deve desprezar nenhum órgão no processo de distribuição de informações. Nunca se deve ter em mente apenas o chamado público-alvo.

O que muitos dirigentes de companhias poucas vezes entendem é que ao contratar uma empresa de comunicação eles deverão pensar inicialmente em fixar sua imagem no mercado. E terão de realizar todo aquele trabalho, passar por todo aquele ritual que já vimos em capítulos anteriores deste livro. É um exercício permanente de paciência.

O jornalista Marco Antonio Rossi trabalhava para as Indústrias Matarazzo, à época uma das maiores corporações do país, e um dia foi chamado pelo diretor de Recursos Humanos, que lhe comunicou o seu desligamento da empresa. Para consolá-lo, o diretor disse que um dia ele iria agradecer-lhe a atitude tomada, uma vez que a empresa já não vivia bons momentos. Naquele instante, o jornalista imaginou virar empresário da comunicação e, anos mais tarde, já bem-sucedido na nova atividade, teve certeza de que seu antigo colega de trabalho tivera razão.

Além de trabalhar para as companhias de capital aberto, pode-se desenvolver um trabalho para sindicatos de trabalhadores ou de patrões, e também de entidades de classe.

Outro trabalho desenvolvido por uma Assessoria de Imprensa também se volta para os políticos. Para aqueles que ocupam cargos no Legislativo, Executivo ou Judiciário. Há casos em que juízes se aposentam cedo e pensam em se lançar em outras áreas, como líderes empresariais ou como políticos, e aí se valem do trabalho de assessoria de imprensa.

Em instâncias estaduais e federais há sempre um assessor de imprensa prestando serviços, e em alguns casos até repassando tarefas para agências fotográficas e empresas especializadas em *media training*.

Quando se presta um trabalho de assessoria de imprensa para um político é bom que fique bem claro que quem fez a opção partidária e ideológica foi o político, nunca o jornalista. Se um profissional de comunicação se deixa influenciar e começa a sentir que é procurado como fonte pelos colegas e confundido com o político, sentindo-se no direito de dar declaração, então é esse o momento de ele partir para outras ações de comunicação. Está na hora de voltar para o seu lugar.

Um político, ainda que experiente mas em início de carreira, tinha dois automóveis importados. Por uma questão de imagem, seu assessor de imprensa o aconselhou a se desfazer dos veículos. Não é de bom-tom um político circular como um barão pelas ruas. O eleitor tende a votar em um vencedor, mas não em uma figura exagerada, caricata, ornamentada de jóias ou envolto em ouro. Carro importado ainda é uma questão de *status*, e isso o político foi aconselhado a deixar de lado. A princípio, o político não quis aceitar os argumentos de seu assessor de imprensa, mas como ele acabou vítima de assalto em um fim de semana, refletiu bastante e, em menos tempo do que se pensava, anunciou a venda dos carros. E para não dar o braço a torcer, não comentou nada com seu assessor de imprensa – só que o jornalista, bem informado que era, acabou sabendo por intermediário do motorista.

Assessoria para grupos de cultura e entretenimento também existe em grande quantidade no mercado. Nas idas às redações, é freqüente os assessores de imprensa que visitam as editorias específicas de economia e cidades, por exemplo, cruzarem com colegas assessores que estão divulgando nas editorias de variedade o lançamento ou a apresentação de grupos de teatro, de músicos, de diretores de cinema ou de televisão.

O trabalho desenvolvido por esse pessoal da área de entretenimento segue o mesmo princípio de uma assessoria de grupo empresarial. É preciso que se conheça o artista, saber de suas pretensões, estudar com ele o que deverá ser divulgado, saber se ele não se importa que sua vida particular seja exposta para o grande público, ou se prefere preservar sua vida familiar e dar entrevistas apenas em épocas em que esteja fazendo apresentações ou montando espetáculos para o grande público.

No caso de trabalhar com artista e seu alvo ser as revistas de fofocas, é bom estar atento para o prazo de fechamento de algumas delas, o qual pode se dar com alguns meses de antecedência – o que demonstra, mais uma vez, que a assessoria de imprensa é um trabalho de transpiração e um exercício diário de paciência.

Na área esportiva há também muito trabalho – por exemplo, uma assessoria de um time ou de alguns esportistas que tenham a visão do que representa a divulgação de um tipo de trabalho especializado como esse. Os times de futebol têm mais recursos, chegam a movimentar vultosas quantias e a venda de passe dos jogadores, sobretudo para clubes de países estrangeiros, é pauta obrigatória no jornalismo esportivo. É aí que o assessor de imprensa entra literalmente em campo.

A ética profissional dos assessores

> *Aquilo que se pensa ser bom é a ética. Aquilo que se impõe como obrigatório é a moral.*
>
> PAUL RICOEUR

Códigos de ética são conjuntos de normas de conduta que procuram oferecer diretrizes para decisões e estabelecer a diferença entre o certo e o errado. A preparação de códigos organizacionais de ética tornou-se prática relativamente comum a partir dos anos 1980, quando as grandes empresas começaram a implantá-los. Cada empresa fez, criou, segundo seus critérios, o seu próprio código. Apresentados em embalagens diferentes, eles procuram enfatizar valores muito próximos e abordar aproximadamente os mesmos temas.

Empresas que se preocupam com sua reputação estão dando importância cada vez maior a questões de ética. A ética deixou de ser um luxo e passou a ser uma necessidade. Deixou de se subordinar ao departamento jurídico e às ações isoladas de advogados para se tornar uma questão à parte – ela se tornou uma atividade produtiva voltada para a reputação da companhia.

Pelos cálculos da Ethics Officer Association, que reúne diretores e gerentes exercendo funções de administradores de ética nas empresas, todas as companhias que constam da lista das quinhentas maiores empresas da revista *Fortune* possuem códigos de ética.

Para o jornalista Hilton Libos, o fato de as grandes corporações terem passado a falar muito de ética nos últimos tempos indica apenas uma coisa: a sua escassez no mercado.

Comércio de notícias?

O trabalho das Assessorias de Imprensa, a exemplo de todas as outras empresas que atuam no mercado, também é questionado do ponto de vista ético. De maneira geral, questiona-se se as assessorias prestam serviços de relevância para a sociedade ao divulgar as ações de seus clientes ou se apenas praticam o comércio da notícia.

As duas alternativas apresentadas parecem apontar para um mesmo ponto, o de questionar a função segundo uma norma de conduta compatível com os valores humanos.

O que não quer dizer que, em uma economia aberta, a atividade seja mais ou menos idônea do que qualquer outra empresa que atua no mercado de comunicação – incluindo agências de publicidade e também os próprios meios de comunicação.

Para os profissionais que trabalham nas redações, há, de um lado, os interesses dos leitores, que as publicações se orgulham em representar, e, de outro, os das Assessorias de Imprensa, que trabalham em benefício de seus clientes. Desse maniqueísmo nasceu a máxima, enraizada na maioria dos meios de comunicação, de que nem sempre o que interessa às empresas é bom para a imprensa.

A norma da dúvida procede e, mais que isso, faz parte da essência do bom jornalismo.

São muitas as queixas contra as Assessorias de Imprensa. As corporações creêm que o fato de elas estarem comemorando dez anos de vida útil no mercado é importante e vale uma matéria. Às vezes até vale, mas há informações mais atraentes na área de negócios, como investimentos, grandes contratos e tecnologias novas implantadas ao longo desses dez anos de vida, ou algum tipo de ação recente.

Conta muitos pontos a disponibilidade da empresa para falar. Se o dado é estratégico e ela não quer divulgar, tudo bem, é um direito seu. Mas abrir o jogo pode se tornar muito mais positivo.

Assessor de imprensa é jornalista?

Há manuais de jornais que demonstram aversão total ao assessor de imprensa. Um desses manuais recomenda: "Trate o assessor de imprensa com respeito e desconfiança. Ele pode ser uma fonte de informação, mas atua também como lobista. Defende os interesses da organização em que trabalha. Nem sempre esses interesses são os mesmos que os dos leitores".

Em reportagem sobre as profissões, revistas semanais costumam disparar verdadeiras pérolas sobre o jornalismo, tais como esta:

> Trabalha-se muito, quando se acha emprego, em funções repetitivas e burocráticas, ganha-se pouco e sobe-se devagar na vida. O mais comum, no entanto, é abandonar a profissão depois de alguns anos. Há quem sobreviva, mas é minoria. Os bons postos estão todos ocupados, vagas são abertas a conta-gotas e ninguém tem planos de abandonar o emprego que conquistou a muito custo, uma péssima notícia para os quase 5.000 novos profissionais que se formam todos os anos. Para piorar, as faculdades, na maioria, são péssimas e não preparam ninguém para o mercado de trabalho. Os jornais estão contratando cada vez menos.

Em seguida, a revista se saiu com esta: "A oportunidade está nas assessorias de imprensa, que funcionam como uma espécie de antijornalismo – às vezes escondendo notícias, muitas vezes até mentindo".

Outra questão levantada nos meios jornalísticos e que causa muita polêmica é: jornalista de assessoria de imprensa é jornalista ou ao exercer esse trabalho ele deve receber outra denominação?

Heródoto Barbeiro, apresentador de rádio e de tevê, colunista em várias publicações como a revista *Imprensa*, foi professor na USP e deu aula em cursinho pré-vestibular; para ele, jornalista que trabalha em assessoria de imprensa não é jornalista:

> Assessor de imprensa não é jornalista porque ele perde a isenção. Não estou desqualificando, mas não é bom argumento dizer que ele é jornalista, porque não está preparado para isso, para o exercício da função. Suponhamos que ele seja jornalista em uma empresa de ma-

nhã e assessor de imprensa à tarde. Ele perderia a isenção. Se soubesse de algo importante ele iria dar ou esconderia a notícia? Essa é uma questão teórica. Não estou desqualificando o jornalista. Na função de assessor de imprensa o profissional é uma espécie de relações públicas, um relações empresariais, um homem das relações corporativas. Trata-se de um trabalho importante o do assessor de imprensa. Eu mesmo nunca dispenso uma informação vinda de uma Assessoria de Imprensa. Hoje, o departamento de comunicação de uma empresa é tão importante quanto o departamento comercial ou o departamento financeiro. Exige a gestão de conhecimento. Apenas dentro de um contexto ele perde momentaneamente a função jornalística. Perde a isenção, o sentido crítico.

O conceito de verdade: isso vale para a empresa?

> *Não há, talvez, gente mais detestada em segredo do que o jornalista. Nem gente a quem os outros, quase sempre, recorrem tanto.*
>
> RIBEIRO COUTO

Em um ponto o bom senso manda que haja convergência de opinião: os fatos são sagrados; as opiniões são livres.

Nos Estados Unidos as empresas perdem cerca de 300 bilhões de dólares por ano – ou um sétimo do Produto Interno Bruto norte-americano – em virtude de crises com a opinião pública, o que poderia ser evitado caso elas optassem por um plano agressivo de marketing.

Desde os anos 1980 adotou-se nas empresas brasileiras o que se convencionou chamar de política de portas abertas, o que significa que a imprensa passou a ser atendida pela companhia, o que não ocorria antes.

A forma de contato é sempre por telefone, e-mail ou pessoalmente. O intermediário, evidentemente, deverá ser sempre o profissional de comunicação porque ele sabe como lidar tanto com a empresa como com a mídia em geral.

O instrumento formal para se estabelecer o contato é sempre a entrevista, que pode ser exclusiva ou coletiva, quando é aberta a toda a imprensa interessada –, e, nesse caso, o interesse é maior por parte da imprensa do que do outro lado propriamente dito, porque muitas vezes a companhia se vê obrigada a prestar esclarecimentos à sociedade.

Cabe aos responsáveis pelo relacionamento com a imprensa decidir qual é a melhor estratégia de divulgação, de acordo com o tema proposto, com o momento, com o público que se deseja atingir e com outras variáveis, e qual a atitude que o porta-voz deve adotar em relação ao jornalista ou ao perfil da publicação.

O importante nisso é constatar que não há motivo para pânico quando estiverem frente a frente o executivo, exercendo a função de porta-voz, e o jornalista, que vai entrevistá-lo. Ambos podem estar tensos por não se conhecerem, mas o empresário deve sempre se lembrar de que quem domina o assunto é ele, ou, caso contrário, não estaria sendo procurado para esclarecer a questão.

É importante mostrar nessa entrevista que a empresa em foco é transparente, que não tem nada a esconder. Isso se efetivamente não tiver nada a esconder mesmo.

Muitas vezes os profissionais da Assessoria de Imprensa acreditam no que seus superiores hierárquicos numa companhia contam como verdade e, ao abrir os jornais, percebem que não é nada disso, que tudo o que se falou não passava de intenção, de planos e de idéias.

Balanço social

Atualmente, as empresas encaram a responsabilidade social como algo muito mais amplo do que a prática de uma simples filantropia. Ser uma empresa cidadã hoje não é só ter programas sociais para a comunidade, mas gerir seus negócios de forma socialmente responsável. É ser ético com o público interno, com os fornecedores e no trato com o meio ambiente. É mostrar coerência entre ação e discurso.

Hoje as empresas publicam balanços sociais, antes mero exercício de vaidade e autopromoção. Antigamente não diziam nada sobre as formas de gestão da empresa.

Na publicação do balanço social são fornecidas informações sobre os indicadores sociais. Ser uma empresa socialmente responsável, de acordo com os princípios do Instituto Ethos, é possuir capacidade não só de falar a seus públicos mas, sobretudo, de ouvir acionistas, funcionários, consumidores, fornecedores, comunidade e governo, incorporando-os ao planejamento de suas atividades. É também estabelecer princípios ambientalistas no uso de materiais e exigir isso de seus fornecedores.

Outra tarefa: fornecer informações corretas sobre seus produtos e serviços, recompensar os funcionários por sua ética, e não pensar somente em elevar os lucros. Não adianta, por exemplo, a empresa empregar menores de idade afastando-os da escola, doar uma creche que não funciona ou pagar propinas a fiscais do governo.

Se a companhia atuar de forma ética, poderá obter um retorno ainda maior em termos de imagem e de valorização de sua marca, conquistando a lealdade de seus consumidores e colaboradores, atraindo e retendo talentos. Além disso, a responsabilidade social pode, em pouco tempo, ser um pré-requisito para as empresas que quiserem disputar o mercado externo, como já vem ocorrendo com a questão ambiental, com o certificado ISO 14.000.

A sociedade está mais organizada e atenta. O olhar da sociedade sobre as empresas é mais vigilante, atento e cobrador. E a comunicação tem um papel de grande destaque no sentido de fazer com que a empresa tenha uma visão menos promocional e um suporte mais técnico e informativo. Em outras palavras, com responsabilidade social.

Estrutura das grandes redações

> *Os jornalistas são pessoalmente cordiais; no papel, assassinos.*
>
> GAY TALESE

A palavra jornalista não é muito antiga, se olharmos para a História: ela aparece pela primeira vez na França, em 1704, no *Journal de Trévoux*.

O jornalismo não é, portanto, um fenômeno que existe desde tempos imemoriais. Surgiu em certas condições e sob pressão da necessidade, resultado de todo um conjunto de fatores socioeconômicos – e, assim, passou gradualmente a fazer parte da vida social.

A maioria dos historiadores do jornalismo afirma que os primeiros periódicos apareceram entre fins do século XVI e início do século XVII, em diversos países da Europa Ocidental.

Tem-se conhecimento da existência de um documento italiano, segundo o qual um impressor de nome Gigli, de Florença, recebeu, em 1597, um privilégio especial para publicar uma folha impressa contendo notícias comerciais. A folha devia chamar-se *Mercúrio*, em honra do deus romano do comércio e transportes, mas não há nenhuma prova de que o impressor tenha realmente chegado a publicar essa folha periódica. Nenhum exemplar foi preservado nem encontrado até hoje; talvez encontrar algo seja tarefa para arqueólogos.

Nos primeiros tempos, a publicação de jornais, como a de todos os outros materiais impressos, estava condicionada à concessão de aprovação, privilégio ou patente por parte da aristocracia temporal ou espiritual. Tratava-se de assegurar às classes feudais dominantes o controle daquelas atividades. A concessão desses privilégios implicava certas condições e instruções que o impressor ou editor do periódico tinham de respeitar.

A circulação de materiais impressos sem aprovação ou sem observância das instruções era severamente julgada e punida. Documentos de arquivos mencionam castigos que consistiam no corte de uma mão ou da língua, ou em penas humilhantes, como advertência para os outros. Isso prova que, já no início do jornalismo, as classes feudais dominantes tinham plena consciência da sua influência ideológica e política perante o público, da sua importância como arma nos conflitos sociais. Todos esses fatos influenciavam fortemente o conteúdo dos materiais impressos.

Os primeiros jornais eram, em geral, pequenas compilações das notícias mais importantes e, na opinião dos editores, mais úteis acerca da vida social da época, e por serem procurados pelo público, se revelavam vendáveis. Preocupavam-se em fornecer informações sobre a produção e os negócios e também sobre a vida política – embora no início muito menos, porque a política era, para os editores burgueses, demasiadamente perigosa e de difícil penetração. Prestavam igualmente especial atenção às catástrofes naturais, às cerimônias eclesiásticas ou da corte, às epidemias. Interessavam-se pela descoberta de terras desconhecidas, expedições além-mar, novas mercadorias, respectivos preços e procuras, ordens publicadas pelos governantes etc.

O objetivo principal dessas compilações de notícias publicadas periodicamente era o de auxiliar vastos círculos de produtores a avaliarem corretamente as tendências futuras da produção e os comerciantes a venderem com êxito vários gêneros de mercadorias. Tornava-se necessário libertar esse tipo de informações da sua anterior exclusividade e do seu condicionamento às necessidades de círculos fechados da aristocracia e divulgá-lo o quanto mais possível.

O jornalista Marcos Aidar pesquisou e chegou à conclusão de que a palavra repórter se origina do latim *reportare*, que quer dizer aludir, referir-se a alguma coisa, e também transportar, retrair, volver. O seu sentido atual derivou-se do inglês e do francês e apareceu no português a partir do final do século XIX, embora o verbo reportar exista em nossa língua desde o século XV.

A expressão jornalismo está ligada ao trabalho diário. Origina-se de jornada, jornal, com origem no século XII, do provençal (a língua usada no sul da França na Idade Média) *jorn*, que, por sua vez, vem do latium *diurnum* ou *diurnus*, relativo ao caminho que uma expedição – militar, por exemplo – fazia ao longo de um dia. Depois, "jornal" passou a significar o pagamento de um dia de trabalho militar ou militância de um dia de trabalho. A partir do século XIX, a língua portuguesa adaptou a palavra do francês *journal*, que passou a significar "publicação periódica de fatos políticos, literários e diversos".

"Jornaleiro", ainda no século XIII, era o empregado diarista. A partir do século XIX, passou a designar vendedor e jornal. No final do século XIX, a língua portuguesa adapta do francês os substantivos "jornalismo" e "jornalista" (de *journaliste* e *journalisme*).

A imprensa abrange todo tipo de jornalismo. Depois da Revolução Industrial se sucederam as gráficas modernas, os linotipos, as gravuras, as fotografias, as rotativas em chumbo, em off-set, impressoras a laser, transmissão via satélite, telefone e tevê. É possível de diferentes partes da Terra se transmitir via computador. Caso clássico foi a transmissão da Guerra do Golfo pela CNN ou do ataque terrorista à torre do World Trade Center, em Nova York, em 11 de setembro de 2001.

Houve ainda a evolução de pequenas oficinas para os poderosos conglomerados industriais. Essa indústria tem hoje poder rígido de produção e distribuição, RH e marketing como qualquer outro grande negócio. Certa vez o dono de um grande jornal afirmou que, em tese, não concordava com a distribuição de brindes encartados em suas edições dominicais, mas como quem tinha decidido era o departamento de marketing, ele não via por que mudar.

A rotina de uma redação

Como é a rotina de uma redação?

O jornalista Eleno Mendonça conta que, em jornais e revistas, editores, chefes de reportagem e repórter entram em contato com as "fontes" para confirmar informações ou marcar entrevistas. Pauteiros e repórteres o fazem com mais freqüência. Em tevês e rádios, os contatos são feitos geralmente por pauteiros, produtores ou assistentes de chefia de reportagem (radioescuta entre eles).

Na mídia impressa é comum o aproveitamento de contatos telefônicos para a redação da matéria. Alguns repórteres gravam as entrevistas, uns avisam que estão gravando, já outros não.

No rádio isso também pode acontecer conectando-se o telefone ao estúdio para gravação ou entrada "ao vivo".

Na tevê geralmente o telefonema é usado para marcar entrevista posterior, com hora e local definidos.

Em um jornal, uma revista, um telejornal ou um radiojornal, a seqüência diária é geralmente assim: começa-se pelo levantamento da pauta (definição dos assuntos que terão prioridade nesse dia ou no dia seguinte, com definição de espaço/destaque).

Procede-se em seguida à marcação de entrevista: realização das entrevistas, apuração dos dados paralelos, confirmação de números, checagem de informações duvidosas com fontes do mesmo ramo ou especialistas.

Há depois a seleção (edição) do material dos repórteres pelos editores, que escolhem os pontos mais relevantes (esse trabalho nem sempre é feito na presença do repórter que recolheu o material).

São, em seguida, redefinidas as prioridades, visto os destaques e o espaço de cada matéria: chamadas de capa, alto das primeiras páginas de cadernos, uso de fotos ou – no caso de tevê – chamadas ao longo do telejornal nas passagens de bloco, número de páginas ou minutos daquela edição.

Repercussão, no jargão jornalístico, significa continuidade nas edições seguintes (no caso de rádios e tevês, isso pode acontecer no mesmo dia, no caso de rádio às vezes na mesma edição). É comum o próprio interessado procurar a redação por telefone ou pessoalmente para esclarecer pontos do seu interesse, ou ser procurado pela redação – às vezes isso gera debates ao vivo.

A produção do noticiário na redação começa cedo, com a ativação da pauta, responsável pelo levantamento dos assuntos das reportagens do dia. A maioria dos veículos conta com esquemas de pauta específicos para cada editoria ou programa. A chefia de reportagem, função muitas vezes exercida pelo próprio pauteiro, distribui as pautas, com orientações aos repórteres, e monitora, a partir da edição, a execução do trabalho. No início da tarde começa a funcionar a pauta vespertina, com a equipe de reportagem da tarde.

É quando acontece a etapa decisiva da notícia, com o retorno dos repórteres das ruas e o início da produção das matérias. Em casos urgentes, os repórteres redigem de seus laptops e enviam as reportagens para os terminais dos editores.

Nos jornais, no fim da tarde, cerca de 80% das matérias levantadas pelas equipes estarão sendo redigidas e/ou editadas. É ainda nesse período que ocorrem as reuniões de editores, secretário de redação, chefes de reportagem, que farão a edição do noticiário. Muitas reportagens podem "cair", ou seja, não entrarão no jornal do dia seguinte.

À noite funcionam apenas os esquemas de plantão, basicamente para o atendimento de eventualidades e emergências. Nesse período torna-se mais difícil para qualquer organização contar com a presença de repórteres de eventos.

Administrador ou jornalista?

Na verdade, o dia de trabalho da redação de um jornal como o *Agora São Paulo,* do grupo *Folha,* começa na noite anterior, por volta das 23h30, quando chega a dupla de repórter e fotógrafo que faz a cobertura das ocorrências da madrugada. Na maioria dos casos, trata-se de noticiário policial, mas ocasionalmente aparecem outros temas.

Pela manhã, há uma pessoa responsável por fazer ronda nas fontes de notícias (como Polícia Militar, Polícia Civil, Companhia de Engenharia de Tráfego, bombeiros, Defesa Civil etc.), que é a primeira a chegar à redação, por volta das 7h30.

Às 8 horas, chegam os primeiros integrantes das editorias. Pauteiros da fotografia, economia, esportes e editoria de serviços e de cidades organizam suas prioridades, com base no relatório da produção da equipe da madrugada, relatório noite-dia elaborado pelo pessoal do fechamento, na noite anterior, além de fazerem a leitura de jornais e verificarem as agendas das editorias.

Essas prioridades são conferidas com o secretário de redação, que orienta a pauta das editorias e define o que deve ou não ser feito, com que enfoque, com que prioridade.

O secretário de redação Antonio Rocha Filho chega ao jornal por volta das 8h30. Após atualização de seus e-mails, vem a leitura dos jornais. Além do jornal em que trabalha, ele lê o *Diário de São Paulo* e *Jornal da Tarde*, *Folha de S.Paulo* e *O Estado de S.Paulo*, além de uma olhada eventual no *Diário do Grande ABC*, *Valor Econômico*, *Gazeta Mercantil* e nos cariocas *Extra*, *O Dia*, *O Globo* e *Jornal do Brasil*.

Os repórteres têm horário de entrada variável, mas de modo geral os da editoria de cidades entram mais cedo, a maioria entre 9 e 10 horas, os de economia vêm a seguir, em torno de 11 horas, os de esportes vêm pela manhã, às 9 horas ou à tarde, às 14 horas, dependendo da agenda de treinos e competições. Os das editorias que fecham mais tarde, as mais frias, como Dicas, entram sempre por volta das 13 horas. Os do Show e da Revista da Hora são os últimos a chegar, às 14 horas.

Após a leitura dos jornais, iniciam-se as reuniões.

Agora vamos deixar o Toninho, como é carinhosamente chamado pelos colegas, cuidando de suas outras atribuições, pois ele não participa dessas reuniões.

Todos os dias, às 15h30, os editores se reúnem com o chefe de reportagem, a editora da primeira página, o secretário de fechamento e o editor-chefe para a definição da edição. Nessa reunião são discutidas particularidades da edição. Dela também saem os assuntos que serão contemplados na primeira página do jornal.

A reunião acaba por volta de 17 horas. Começa a ser diagramada a primeira página da edição estadual, que circula no interior do estado. O fechamento dessa edição é às 19h30.

Depois disso, normalmente entre 20h30 e 21 horas, após o *Jornal Nacional*, assistido por todos os editores, eles se reúnem novamente com o secretário de redação de fechamento para "vender" (sugerir as matérias mais importantes) o que vai haver de atualização em suas páginas para a edição São Paulo, que circula na capital, Grande São Paulo e Baixada Santista. Essas alterações podem provocar mudanças substanciais na primeira página, às vezes até a troca da manchete.

A edição São Paulo fecha às 23h30 ou 15 minutos após o encerramento dos jogos de futebol noturnos do meio da semana, no dia em que eles ocorrem. Há ainda uma troca de clichês, com eventual atualização de noticiário, que tem como horário-limite 1 hora da manhã.

Regularmente há duas reuniões diárias, mas há alguns encontros extraordinários no decorrer da semana.

Vamos voltar ao dia-a-dia do nosso jornalista que tem mais tarefa do que muitos administradores de empresa.

A primeira reunião do dia, a de pauta, acontece entre 10 e 10h30 (dependendo do acúmulo de tarefas pela manhã). Nessa reunião ele confere com os responsáveis pela pauta das editorias os furos dados e tomados em relação à concorrência. Em seguida, define a pauta das editorias do dia, o que terá mais peso, recursos humanos a serem deslocados para cada pauta, conteúdo editorial, enfoque. A reunião dura em média uma hora e meia.

O passo seguinte é a elaboração de um relatório de furos dados e tomados, a ser apresentado ao editor-chefe e ao pessoal do fechamento na secretaria de redação.

Após ligeira pausa para o almoço, entre 13 e 14 horas, ele recebe o espelho (página definida) de anúncios enviado pelo setor de publicidade da empresa e define, de acordo com as prioridades de pauta e com os anúncios vendidos, a paginação da edição do dia seguinte. Por exemplo, se a editoria de cidades tiver noticiário mais quente, terá mais espaço. Se o quente estiver em economia, essa editoria terá mais espaço.

Entre 14h30 e 15 horas, o secretário de redação tem a sua segunda reunião regular, a de passagem. É feita com outro secretário de redação, responsável pelo fechamento. Passa o que foi definido como prioridade, retornos, pendências, e discutem-se alternativas para a edição em cima da pauta. Eventuais idéias que surjam dessa reunião são repassadas às editorias.

Normalmente o jornalista fica liberado da última reunião por volta de 16 horas e passa a tratar-se de questões burocráticas do jornal: relatórios para outras áreas, como a do jurídico; credenciamentos especiais; controle de publicação de "Erramos", uma seção com correção de erros do jornal; retornos de matérias especiais; problemas de pessoal; concursos; seleção de novos funcionários.

Há ainda pelo menos uma reunião fixa semanal para tratar de reportagens especiais. Realiza-se às segundas-feiras, por volta das 14h30. Dela participam, além do próprio jornalista, o editor-chefe, o secretário de redação do fechamento, o chefe de reportagem e a editora da primeira página. Nesse encontro, definem quais são os investimentos de médio (para o fim de semana seguinte) e longo prazos do jornal.

Ele fica ainda responsável pela definição, retornos, redirecionamento e discussão de alternativas para as pautas especiais definidas nessa reunião. O objetivo é garantir matérias de fôlego para as edições de domingo e segunda. Às sextas, há uma reunião extra com o responsável na secretaria de redação pelo fechamento do pescoção (adiantamento da edição de domingo); ela acontece por volta das 20 horas e serve para passar o que serão os assuntos principais das edições de domigo e segunda. Normalmente já fez uma passagem rápida com o editor-chefe para a definição dos destaques.

Para definir a pauta, diferentemente da agenda comum dos ditos jornais matutinos, como *Folha* e *Estadão*, tem como princípio tratar como prioridade tudo o que diga respeito ao bolso do trabalhador ou que possa afetar o seu dia-a-dia. Assim sendo, pautas com conteúdo de economia popular e serviços em geral sempre terão destaque. Previdência, FGTS, desemprego, formas alternativas de ganhar dinheiro, oportunidades de emprego, regras para se dar bem em certas situações (tipo: não reaja a um assalto) sempre são editadas com destaque.

Outros assuntos que, historicamente, têm cobertura extensiva dos jornais populares também ganham espaço, viram pauta. Cobertura da vida dos famosos em geral, mundo dos artistas, televisão (com enfoque especial em novelas) e esportes (noticiário completo dos clubes é uma de suas principais características). Boas histórias humanas (curiosas, engraçadas ou tristes ao extremo) também têm espaço garantido.

30

Os cuidados com a improvisação

> *Uma comunicação arrojada é proativa, está à frente dos fatos. É um investimento, uma ferramenta de gestão, e não uma despesa desnecessária.*
>
> PAULO NASSAR

Não se admite a improvisação como também não se pode tolerar o amadorismo nas relações quando o assunto é comunicação. Isso porque comunicação é coisa para profissional. Há certos casos em que as Assessorias de Imprensa se vêem diante de um problema dentro da empresa, por exemplo, quando o presidente da companhia conta, com certa ponta de orgulho, que determinado sobrinho de algum diretor é um talento em matéria de computação gráfica, capaz de proezas inimagináveis. Nesse caso, o assessor de imprensa tem de adotar uma relação de franqueza com o contratante e aconselhá-lo a orientar o "gênio" a tentar o seu caminho próprio, quem sabe remeter via satélite um currículo para alguma empresa de design dessas que estão no mercado.

Trabalhar a comunicação como se fosse um setor improdutivo e sem esperar resultados é o pior dos mundos, só se pode esperar malogro em qualquer tipo de empreendimento. Está na cara que tem tudo para ir por água abaixo.

Lidar com a imprensa é um exercício de paciência, uma vez que se trata de uma tarefa que exige muita determinação, e se a tarefa não for encarada com muita seriedade, os problemas podem se tornar diários e acarretar surpresas desagradáveis.

Algumas vezes, em função da premência do tempo para apuração, na outra ponta o jornalista pede que a entrevista seja dada por telefone. Sem dúvida, esse é o contato mais difícil para o executivo, sobretudo quando ele não conhece pessoalmente o profissional que está querendo entrevistá-lo. Não é possível medir o nível de interesse no rosto do interlocutor, ou até mesmo perceber uma dúvida não verbalizada, dada a distância que os separa. Por isso, a entrevista por telefone só é recomendada quando o executivo dominar completamente o assunto e já tiver certa familiaridade com a imprensa, uma vez que nesse contato é necessário ser muito objetivo para não passar mensagens dúbias ou confusas.

O executivo tem de saber que para o jornalista a conquista de um leitor é um desafio que se renova a cada jornal que ele faz.

A assessoria de imprensa orienta que, ao receber a solicitação de uma entrevista telefônica, o ideal seria a fonte propor um encontro rápido e imediato com direito a água e cafezinho. Principalmente em casos em que a matéria verse sobre assuntos que requeiram explicações técnicas. E aqui vale o bom senso, pois não faz sentido propor um encontro pessoal a um jornalista que liga só para checar um dado e/ou pedir uma opinião rápida sobre determinado assunto. Nem sempre, contudo, o *deadline* do jornalista torna isso possível. Nesse caso, o executivo deve procurar entender exatamente o que o seu entrevistador deseja saber e, se não souber a resposta, pedir um intervalo de meia hora para se preparar. Não é um problema do outro mundo dizer que precisa de tempo para levantar algumas informações, sobretudo porque elas não estavam à mão naquele instante. Pior é recorrer ao "eu acho", "eu penso" para responder a uma pergunta de quem busca um dado preciso. Quando então já de posse das informações aguardadas, o executivo, evidentemente, poderá retornar a ligação.

O jornalista é aquele profissional de quem é exigido conhecimento da realidade que o cerca, domínio do uso da linguagem, curiosidade intelectual, rapidez e observação cuidadosa dos fatos, características imprescindíveis para o exercício da carreira.

Quando a fonte não tem a informação precisa, é aconselhável que explique a situação com toda sinceridade, deixando claro não haver nenhuma chance de poder ser útil no caso em questão.

A neutralidade em jornalismo é uma falácia, só existe na imaginação de alguns teóricos, mas também é uma meta a ser buscada todos os dias. Ninguém é neutro. O simples fato de um chefe de reportagem designar um repórter e não outro já indica que ele fez uma escolha. Cada um tem a sua visão com base no conhecimento obtido ao longo do trabalho, na rotina exercida a cada dia. Numa corporação, que é a outra ponta da linha, é ainda pior, porque tanto pode vir um repórter que conheça profundamente o assunto como outro que nem saiba o que vai perguntar ou escrever.

Outro comportamento bastante verificado em corporações é seu dirigente exigir do entrevistador que repita tudo o que ele, entrevistado, falou. Nada irrita mais o jornalista do que se ver na obrigação de ficar repetindo aquilo que seu entrevistado não tem certeza nem segurança ao transmitir. Há pessoas que pedem para o repórter repetir simplesmente para conferir se tudo o que elas acabaram de dizer foi anotado de maneira fiel.

Responsabilidade da imprensa

De certa forma, há também a responsabilidade por parte da imprensa. Embora, como qualquer empresa, ela tenha objetivamente função social, sua responsabilidade parece ir um pouco além em razão de tratar de um "produto" muito especial, a notícia. Uma notícia mal dada, uma nota mal explicada pode comprometer a pessoa em foco, e quando houver retratação, se por acaso houver de fato, o desmentido nem sempre tem o mesmo impacto da notícia inicial, a que deu origem à catástrofe.

A imprensa deveria assumir a responsabilidade pelo desempenho de quatro funções. A primeira é de caráter político. Ao informar os cidadãos sobre aquilo que o governo e outros centros de poder estão fazendo, a imprensa se torna uma parte integrante do processo político.

Ao monitorar os centros de poder – político, econômico e social –, a imprensa funciona como uma peça capaz de mantê-los em xeque. É um canal vigilante, uma espécie de farol, os olhos e ouvidos da sociedade em tempo integral.

O segundo papel da imprensa envolve uma função educacional. Ele inclui a divulgação e o estímulo a uma ampla discussão de idéias, opiniões e verdades. Nesse papel a imprensa segue a tradição das reuniões comunitárias nas cidades pequenas. Tem a obrigação de publicar reportagens que cumpram o papel de educador prático.

Terceiro, a imprensa funciona como um serviço de utilidade pública – um canal de informação sobre o que está acontecendo. Ela opera como se fosse um "quadro de aviso" da sociedade. Não deixa escapar nada, porque um simples detalhe pode ser importante mais tarde quando se procurar a composição do todo.

A quarta função é social ou cultural. A imprensa ergue um espelho diante da sociedade que reflete a espécie de pessoas que somos, que nos mostra nossos heróis e vilões, que nos faz recordar nossos valores comuns. Ao dar resposta a essas questões, a imprensa nada mais está fazendo do que cumprir o seu papel. Ela não pode viver somente da miséria do mundo. Pelo menos não a imprensa séria, que não se alimenta da tragédia alheia, antes a explica para que o leitor possa fazer seu juízo de valor.

31

Análises quantitativas e qualitativas

> *Jornalismo é a transmissão de informações de um ponto a outro, com exatidão, penetração e rapidez, numa forma que sirva à verdade e torne aquilo que é certo evidente aos poucos, quando não imediatamente.*
>
> ERIC HODGINS

Em seu dia-a-dia, o assessor de imprensa pode valer-se de alguns instrumentos muito simples para realizar o controle de notícias enviadas aos órgãos de comunicação, assim como efetuar a vigilância da opinião pública e avaliação da notícia que se refere direta ou indiretamente à empresa.

Bem cedo, o sol ainda despontando, faz-se a leitura e o acompanhamento diário das notícias dos principais jornais, tanto os que circulam nos grandes centros como os do interior. Toda reportagem que esteja ligada direta ou indiretamente e relacionada à empresa é separada para, em seguida, ser recortada e colada em um formulário próprio, um papel com timbre do setor de imprensa. Quando esse serviço é feito por uma empresa contratada, ela já vem com todos esses cuidados.

Há ainda o serviço de auditagem de imagem, que analisa o clima organizacional e o desempenho das empresas, e avalia ainda o potencial de suas marcas. É feito com menor freqüência do que a clipagem de recortes.

Todo resultado das divulgações obtidas pelo trabalho de uma Assessoria de Imprensa é compilado em minucioso relatório de atividades distribuídas aos clientes, que incluem gráficos de repercussão na mídia diária e presença em mídias específicas.

Mostra-se o material que foi enviado e como ele repercute.

Há ainda uma ferramenta que realiza pesquisas no mercado on-line na base dos jornalistas.

A utilização desse serviço possibilita identificar a imagem da empresa no mercado, obter dados para a elaboração de novos projetos e medir o grau de satisfação de produtos e serviços. Os resultados obtidos com esse "termômetro" são essenciais na hora de traçar a estratégia ou rever as táticas adotadas pela empresa, já que o público que opina sobre o assunto de seu interesse é predominantemente formador de opinião.

Webclipping é o serviço que monitora, em tempo real, as informações publicadas sobre determinado assunto em milhares de veículos on-line, geralmente em português, inglês, espanhol e italiano. Possibilita, por exemplo, o acompanhamento na mídia do nome da empresa e/ou de executivos, clientes e concorrentes. Para utilizá-lo, basta indicar uma ou mais palavras-chave para que a empresa contratada envie os resultados da busca por e-mail.

A clipagem é toda feita por intermédio de software, o que praticamente anula as chances de erro e o resultado é um material completo e atualizado.

Os instrumentos de aferição

Os jornais sempre excitam a curiosidade. Ninguém depõe nenhum jornal sem uma sensação de desapontamento.

CHARLES LAMB

Uma das queixas mais freqüentes de assessores de imprensa em relação ao seu cliente é o de não saber valorizar o resultado do trabalho como deveria. Eles se lamentam, por outro lado, de também não saberem como mostrar esse resultado. Uma das dificuldades é provar que o fato de fazer o cliente fonte sempre consultada e lembrada pela mídia para se manifestar é um grande retorno de trabalho. Isso foi conseguido graças à construção, à manutenção e ao reforço da imagem.

Muitos empresários, médicos, artistas e outros profissionais passam a ser procurados pela imprensa e, quando isso se dá com certa freqüência, começam a se julgar auto-suficientes, acham que pertencem a uma constelação de notáveis, objetos do desejo da mídia. Estão enganados. O que acontece é que um bom trabalho desenvolvido por um competente assessor de imprensa ficou marcado nas redações dos jornais, tanto que esse cliente é lembrado como uma fonte a ser entrevistada. Mas, se ele tiver um comportamento de estrela e não ligar a mínima para algumas regras em um relacionamento sadio entre fonte e repórter, fatalmente será esquecido e seu nome riscado das agendas das redações.

A imagem institucional de uma empresa, assim como a reputação de uma pessoa, é o que garante e sustenta as bases de seu permanente progresso e desenvolvimento.

Joan Costa, comunicólogo espanhol, em uma definição abrangente, diz que a comunicação no âmbito das empresas é o que estrutura sua realidade organizacional, sua cultura e sua conduta corporativa: "A comunicação é o sistema nervoso central da organização".

Um dos maiores desafios de uma Assessoria de Imprensa é criar, desenvolver e aperfeiçoar o conceito de credibilidade. E para isso é preciso criar e desenvolver um trabalho constante de comunicação.

O cliente também não pode avaliar o trabalho de uma assessoria em comunicação somente pelo resultado das matérias publicadas. A ordem, portanto, é mudar o enfoque da assessoria levando-se em consideração que o mais importante é a construção das marcas. O primeiro passo é avaliar as metas do cliente. É preciso saber que se trata de um trabalho demorado, que não pode ser feito de uma hora para outra. Existem assessorias de imprensa que, para agradar ao cliente, chegam a prometer capas de revistas ou manchetes em jornais em um mês de trabalho. Isso não passa de uma falsa promessa. Não existe uma fórmula máxima em comunicação, elas são todas empíricas.

Afinal, há formas objetivas de se mensurar resultados?

Primeiro, é preciso organizar uma boa lista dos meios de comunicação, tecnicamente chamada de *mailing list*.

Uma Assessoria de Imprensa já não tem mais o controle total dessa lista de nomes. Isso porque há uma movimentação diária de jornalistas, que saem de um lugar e vão para outro, e também dos veículos que desaparecem, surgem, se transformam, tanto que em 2002 calculava-se em cerca de 14 mil os títulos de publicações impressas que circulavam no mercado brasileiro.

Para suprir a necessidade da listagem sempre atualizada surgiram as empresas que trabalham especificamente com lista dos meios de comunicação. A jornalista Cecília Queiroz é uma pioneira nesse assunto. Ela calcula que manter uma lista completa sempre atualizada custa o equivalente ao salário mensal de um office-boy, e a reciclagem é feita diariamente, coisa que uma assessoria, mesmo grande, jamais teria condições de fazer.

Uma boa lista dos meios de comunicação é um bem estratégico de toda assessoria de imprensa. Antes da existência desse tipo de serviço, as Assessorias de Imprensa se viravam com os anuários de mídia – atualizados, é verdade, mas quando lançados no mercado já estavam alguns meses defasado.

Um *mailing* e um serviço de recorte, o *clipping*, já constam do orçamento das empresas de comunicação.

Os *press clipping*

O *press clipping*, a seleção diária de matérias recortadas de jornais, é geralmente preparado por um profissional de comunicação ou por alguém orientado por ele, um contínuo do departamento, por exemplo.

Clip, ou a coleta e o arquivamento de notas, artigos e reportagens publicados pela mídia impressa ou eletrônica, é um dos serviços fundamentais de que se utiliza o assessor de imprensa. Pelo *clip* pode-se dimensionar os efeitos do trabalho de uma assessoria e, com base nisso, descobrir falhas, corrigir erros, estabelecer táticas ou mesmo estratégias.

Atualmente o *clipping* é processado de forma eletrônica e, por isso, enviado por satélite. Há programas desenvolvidos para rastrear as matérias, separá-las, processá-las e depois enviá-las para os clientes. Uma vez por semana os recortes são remetidos via correio ou por intermédio de motoboys, no caso de empresas de clipagem contratada, para que o cliente possa usar o material da forma mais racional possível.

Há poucas empresas que fazem serviço de clipagem no que toca à mídia eletrônica. Muitas só clipam as emissoras abertas, raramente direcionadas aos canais a cabo porque, segundo seus proprietários, isso encareceria o serviço.

De um modo geral, as Assessorias de Imprensa mantêm um arquivo do material publicado, bem como das matérias que geraram as notícias, os *press releases* ou as sugestões e/ou avisos de pautas. Muitas delas também clipam as reportagens que saem publicadas a respeito das empresas concorrentes, para que se possa avaliar e posicionar como está sendo o desempenho da companhia no mercado.

Em empresas de grande porte e com sistemas mais sofisticados de comunicação normalmente se organiza também um arquivo com as fitas cassete e com gravações radiofônicas e as fitas de telejornais que contenham referências diretas ou indiretas à empresa. Pela avaliação de resultados, a empresa pode efetivamente saber como anda sua imagem, tanto interna como externa, e se a sua comunicação está servindo de apoio ao negócio.

Há ainda um serviço que faz projeção de imagem, verifica a tiragem de cada veículo *versus* fator multiplicador (quantas pessoas foram atingidas).

Mensurar os resultados obtidos é um trabalho que se faz avaliando a centimetragem ocupada pela mídia. Algumas empresas ainda verificam a correlação entre o que foi publicado e o que ela pagaria em dinheiro, caso se tratasse de matéria paga, comparando com gastos em publicidade.

É difícil estabelecer índices de rentabilidade nesse campo, pois há uma série de variáveis apresentadas em cada edição de jornal ou revista. Por exemplo: as tiragens não são exatas porque há as sobras que dificilmente são computadas pelos órgãos encarregados de tal medição. Pesquisas de hábitos de leitura dificilmente são realizadas, e por isso mesmo há a idéia vigente de que cada jornal é lido por pelo menos três pessoas além daquela que o comprou nas bancas ou que fez sua assinatura para receber em casa. Uma família pode se constituir em mais de três leitores, e, se acrescentarmos o número de empregados em uma casa ou em um escritório, imagine como se multiplica o índice de leitura de um jornal ou uma revista.

Acontece que a mesma notícia pode ser veiculada em mais de um jornal, uma vez que sua fonte é a agência de notíciais que a distribuiu para todo o país e que abastece as redações em tempo real.

Espaço pago

Assessorias de Imprensa que prestam serviços para empresas multinacionais costumam fazer um tipo de comparação bastante discutível. Medem o que foi publicado como notícia e comparam com o mesmo espaço publicitário. Seus defensores alegam que executivos estrangeiros não têm o hábito de avaliar corretamente a importância de uma notícia, a qual eles, em seus países de origem, estão acostumados a ver em forma de anúncio, portanto uma matéria paga. Muitos assessores de imprensa têm dificuldade em explicar essa diferença para executivos certamente por não disporem de argumentos suficientes para convencê-los de que uma coisa não tem nada a ver com a outra. Preferem atribuir o fato ao costume de os executivos lidarem praticamente o tempo todo apenas com números frios.

Como nossos veículos de comunicação se sustentam basicamente com a publicidade, muitas Assessorias de Imprensa fazem essa correlação como se estivessem, em tese, tratando de anúncio. É um recurso a que se chega mais para apresentar uma idéia de quanto as companhias estariam pagando para saírem nos jornais do que propriamente para dar uma satisfação que contemple a todos.

A localização da notícia na página e a forma como ela foi apresentada têm de ser levadas em conta. Uma reportagem publicada no alto de uma página ímpar vale muito mais do que outra que está na página par e lá embaixo, no cantinho, perdida entre tantas outras notícias de maior impacto.

Mais vale ainda a avaliação feita por um profissional com longa experiência anterior nos meios de comunicação, aliada à perspicácia da pessoa responsável pela tarefa, do que infográficos coloridos e animados.

A ocupação de espaço editorial nos meios de comunicação traz credibilidade infinitamente maior do que a publicação de um anúncio. Mesmo porque ninguém compra um jornal ou uma revista por causa de seus anúncios; é sempre pela notícia que eles trazem. O produto à venda são as manchetes, as notícias, as suas reportagens.

O espaço editorial não é um produto à venda.

Fluxo de informações

O bom nível de informação no âmbito da organização se completa com o acompanhamento das notícias, cabendo estabelecer um fluxo de notícias de fora para dentro e de dentro para fora da empresa.

Aí se verifica, mais uma vez, o acerto do conceito de rede de informação no âmbito empresarial. De um lado, as informações já publicadas são avaliadas e, de outro, propõem-se modificações ou extensões em novos ângulos de interesses. Assim, a notícia ganha ida e volta em torno de assuntos políticos, econômicos, sociais, culturais, esportivos, tecnológicos, governamentais e outros, seja de um ponto de vista local, regional ou internacional.

Esse trabalho, em ordem de importância, seleciona o material complementar, objeto de consulta posterior, de arquivo ou de simples referência.

Os recortes são assim analisados sublinhando-se os termos ou pontos mais significativos em relação ao universo da empresa. A análise feita por uma Assessoria de Imprensa aborda ainda notícias envolvendo concorrentes, áreas de produção e comercialização afins, área de atuação e políticas correlatas.

Outros aspectos, como pesquisa ou mesmo comentários, podem ser destinados ao banco de dados, e esse compartimento nunca deve ser esquecido, mas constante e obrigatoriamente consultado.

33

Assessorias internas e externas

> *O império romano não poderia perduras, pois não possuía jornais – métodos de informar aos povos das províncias o comportamento do povo da metrópole.*
>
> H. G. WELLS

Uma empresa pode adotar o sistema de comunicação estruturada e passar a ter sua assessoria de imprensa interna e ainda buscar o trabalho complementar de uma empresa externa – tudo depende do volume de trabalho, da vontade de crescer e da verba disponível. Sempre que as grandes corporações se tornam ainda maiores, elas sentem que devem desenvolver uma política de comunicação ajustada à sua necessidade de modernização e expansão, e aí partem para a contratação de uma assessoria externa de imprensa. Por quê? Porque quanto melhor a fonte, maior a possibilidade de ela vir a ser procurada pelos meios de informação e, numa mesma relação, sente-se que é maior também a proximidade com os veículos de comunicação.

Por ser externa, a Assessoria de Imprensa contratada goza de uma perspectiva de distanciamento crítico. Por ficar longe dos problemas do dia-a-dia de uma organização, o consultor não tem de se preocupar com a rotina da empresa, como redigir memorandos e executar todas as tarefas burocráticas, ou enviar um telegrama parabenizando um cliente, que é uma prática bastante adotada no meio empresarial. Isso é encarado como uma tarefa de responsabilidade do pessoal interno.

As grandes empresas que procuram as assessorias de imprensa, mesmo tendo um departamento para cuidar do assunto, podem dar a impressão de estar desperdiçando dinheiro, mas tudo depende das necessidades de cada organização. Empresas prestadoras de serviço público, por exemplo, são constantemente procuradas pela imprensa, para esclarecer o que está ocorrendo em determinado dia e quais serão seus planos de trabalho para o dia seguinte. Solução: busca-se uma assessoria estruturada capacitada para operacionalizar a estratégia montada pela contratante.

Muitas vezes, além do suporte operacional da assessoria de imprensa externa, é comum ver a empresa contratada reforçar a tarefa diária, designando profissionais que passam a trabalhar na própria companhia que contratou seus serviços. Com um ou mais funcionários reforça-se a equipe, e fica mais fácil o desenvolvimento do trabalho dentro da companhia. Por parte da Assessoria de Imprensa contratada, a operação rotineira fica mais ágil e a transmissão das orientações é facilitada porque com a proximidade das tarefas diárias eles se relacionam melhor com os demais profissionais da rede interna. Mas há quem prefira trabalhar com a assessoria externa a distância. Isso tudo é uma questão de gosto e da necessidade de cada um.

Muitas empresas têm seu controle acionário detido por fundos de pensão e se transformam em empresas de capital aberto. É hora de adotar uma atitude de transparência, e isso atrai o interesse da mídia.

O uso da comunicação ganha fôlego quando as companhias trabalham com produtos em várias praças: vencem-se assim os desafios inerentes ao novo posicionamento estratégico. Adota-se uma política de comunicação mais ampliada, sempre acompanhada com eficiência pela assessoria interna da empresa. E quando a companhia estiver lançando novos produtos, ampliando sua capacidade produtiva, reformulando sua logística de distribuição, se bem aproveitada pelos profissionais de comunicação vira pauta constante na imprensa de negócios, nas mídias regionais e especializadas.

As companhias têm de se convencer de que elas podem se dar muito bem ao produzir mercadorias, mas não notícias. Isso é assunto para especialistas. Não se pode improvisar sob o risco de acabar metendo os pés pelas mãos. A diversidade de produtos e a demanda fazem com que a sua Assessoria de Imprensa interna não mais dê conta do volume de trabalho diário, por esse motivo a companhia opta pela contratação de uma agência externa de comunicação.

Muitas companhias decidem manter uma pequena área interna de comunicação, voltada basicamente para sua divulgação institucional e com a missão de dar suporte às unidades distribuídas pelo país. O resto do trabalho fica com as empresas contratadas.

Algumas companhias contratam Assessorias de Imprensa apenas para atender a determinadas necessidades, as prementes, quando vão lançar algum produto na praça. Trata-se de um *job*, ou um trabalho eventual. É importante verificar que todos esses serviços contratados seguem a mesma linha, ou seja, mesmo que o trabalho não seja constante, isso não implica que as tarefas a serem executadas também não o sejam. Dessa forma, se for feito um trabalho contínuo, adota-se uma política de comunicação sintonizada com os interesses da sociedade.

Segmentos de mercado que até há pouco tempo prescindiam dos serviços de assessoria de imprensa passaram a procurá-la com maior intensidade. Muitos, com a ilusão de que estão comprando um serviço mais barato do que o de uma agência publicitária, optam pela assessoria de imprensa. É preciso esclarecer que uma coisa não tem nada a ver com outra.

É bom ver uma companhia investir em publicidade como também é saudável constatar que ela se relaciona com a sociedade por meio de um trabalho bem posicionado e estruturado por uma Assessoria de Imprensa, porque assim os resultados do trabalho aparecem.

Caso você, leitor, seja ou esteja em vias de ser um empresário bem-sucedido, e queira contratar uma Assessoria de Imprensa, tome alguns cuidados na escolha, nada que não possa ser resolvido com certa rapidez. Certifique-se de que ela tenha bons contatos e que conte com o respeito dos profissionais das redações. Parta sempre do princípio de que uma Assessoria de Imprensa é uma arma poderosa na consolidação da imagem institucional da sua empresa.

Nunca encare a Assessoria de Imprensa como uma "espiã" da concorrente. Coloque-a a par de tudo o que está acontecendo em sua empresa. Como profissionais experimentados, seus assessores poderão enxergar notícias perante as quais você não costuma dar muita importância à primeira vista; até aí nenhum problema, uma vez que esse não é exatamente o seu negócio e sim, o deles.

Exija da Assessoria de Imprensa contratada independência necessária para julgar se um assunto é notícia ou não para ser engajado nos objetivos de negócios da sua empresa. Tenha uma relação baseada na verdade e nos princípios éticos de ambos os lados. Assim, tem tudo para começar a dar certo.

Anexos

Código de Ética

O Código de Ética dos jornalistas foi aprovado no Congresso Nacional de Jornalistas em 1985, no Rio de Janeiro. Depois, em 1986, sofreu mudanças durante o XXI Congresso Nacional realizado em São Paulo. Fixa as normas a que deverá subordinar-se a atuação do profissional nas suas relações com a comunidade, com as fontes de informação e entre os próprios jornalistas.

Eis o Código atual, na íntegra:

"I – Do direito à informação

Artigo 1º – O acesso à informação pública é um direito inerente à condição de vida em sociedade, que não pode ser impedido por nenhum tipo de interesse.

Artigo 2º – A divulgação da informação, precisa e correta, é dever dos meios de comunicação pública, independentemente da natureza de sua propriedade.

Artigo 3º – A informação divulgada pelos meios de comunicação pública se pautará pela real ocorrência dos fatos e terá por finalidade o interesse social e coletivo.

Artigo 4º – A prestação de informações pelas instituições públicas, privadas e particulares, cujas atividades produzam efeito na vida em sociedade, é uma obrigação social.

Artigo 5º – A obstrução direta ou indireta à livre divulgação da informação e aplicação de censura ou autocensura são um delito contra a sociedade.

II – Da conduta profissional do jornalista

Artigo 6º – O exercício da profissão de jornalista é uma atividade de natureza social e de finalidade pública, subordinada ao presente Código de Ética.

Artigo 7º – O compromisso fundamental do jornalista é com a verdade dos fatos, e seu trabalho se pauta pela precisa apuração dos acontecimentos e sua correta divulgação.

Artigo 8º – Sempre que considerar correto e necessário, o jornalista resguardará a origem e identidade das suas fontes de informação.

Artigo 9º – É dever do jornalista: divulgar todos os fatos que sejam de interesse público; lutar pela liberdade e pelo pensamento de expressão; defender o livre exercício da profissão; valorizar, honrar e dignificar a profissão; opor-se ao arbítrio, ao autoritarismo e à opressão, bem como defender os princípios expressos na Declaração Universal dos Direitos do Homem; combater e denunciar todas as formas de corrupção, em especial quando exercida com o objetivo de controlar a informação; respeitar o direito à privacidade do cidadão; prestigiar as entidades representativas e democráticas da categoria.

Artigo 10º – O jornalista não pode: aceitar oferta de trabalho remunerado em desacordo com o piso salarial da categoria ou com a tabela fixada por sua entidade de classe; submeter-se a diretrizes contrárias à divulgação correta da informação; frustrar a manifestação de opiniões divergentes ou impedir o livre debate; concordar com a prática de perseguição ou discriminação por motivos sociais, políticos, religiosos, raciais, de sexo e de orientação sexual; exercer cobertura jornalística pelo órgão em que trabalha, em instituições públicas ou privadas, onde seja funcionário, assessor ou empregado.

III – Da responsabilidade profissional do jornalista

Artigo 11 – O jornalista é responsável por toda a informação que divulga, desde que seu trabalho não tenha sido alterado por terceiros.

Artigo 12 – Em todos os seus direitos e responsabilidade o jornalista terá apoio e respaldo das entidades representativas da categoria.

Artigo 13 – O jornalista deve evitar a divulgação de fatos com interesse de favorecimento pessoal ou vantagens econômicas; de caráter mórbido e contrários aos valores humanos.

Artigo 14 – O jornalista deve ouvir sempre, antes da divulgação dos fatos, todas as pessoas objeto de acusações não comprovadas, feitas por terceiros, e não suficientemente demonstradas ou verificadas; tratar com respeito a todas as pessoas mencionadas nas informações que divulgar.

Artigo 15 – O jornalista deve permitir o direito de resposta às pessoas envolvidas ou mencionadas em sua matéria, quando ficar demonstrada a existência de equívocos ou correções.

Artigo 16 – O jornalista deve pugnar pelo exercício da soberania nacional, em seus aspectos político, econômico e social, e pela prevalência da vontade da maioria da sociedade, respeitados os direitos das minorias.

Artigo 17 – O jornalista deve preservar a língua e cultura nacionais.

IV – Aplicação do Código de Ética

Artigo 18 – As transgressões ao presente Código de Ética serão apuradas e apreciadas pela Comissão de Ética.

Parágrafo 1º – A Comissão de Ética será eleita em Assembléia-Geral da categoria, por voto secreto, especialmente convocada para esse fim.

Parágrafo 2º – A Comissão de Ética terá cinco membros com mandato coincidente com o da diretoria do Sindicato.

Artigo 19 – Os jornalistas que descumprirem o presente Código de Ética ficam sujeitos gradativamente às seguintes penalidades, a serem aplicadas pela Comissão de Ética: aos associados do Sindicato, de observação, advertência, suspensão e exclusão do quadro social do Sindicato; aos não associados, de observação, advertência pública, impedimento temporário e impedimento definitivo de ingresso no quadro social do Sindicato.

Parágrafo único – As penas máximas (exclusão do quadro social, para os sindicalizados, e impedimento definitivo de ingresso no quadro social, para os não sindicalizados) só poderão ser aplicados após prévio referendo de Assembléia-Geral especialmente convocada para este fim.

Artigo 20 – Por iniciativa de qualquer cidadão, jornalista ou não, ou instituição atingidos, poderá ser dirigida representação escrita e identificada à Comissão de Ética para que seja apurada a existência de transgressão cometida por jornalista.

Artigo 21 – Recebida a representação, a Comissão de Ética decidirá sua aceitação fundamentada ou, se notadamente incabível, determinará seu arquivamento, tornando pública a decisão, se necessário.

Artigo 22 – A aplicação da penalidade deve ser precedida de prévia audiência do jornalista objeto de representação, sob pena de nulidade.

Parágrafo 1º – A audiência deve ser convocada por escrito pela Comissão de Ética, mediante sistema que comprove o recebimento da respectiva notificação, e realizar-se-á no prazo de 10 (dez) dias a contar da data do vencimento do mesmo.

Parágrafo 2º – O jornalista poderá apresentar resposta escrita no prazo do parágrafo anterior, ou apresentar suas razões oralmente, no ato da audiência.

Parágrafo 3º – A não observância pelo jornalista dos prazos previstos neste artigo implica aceitação dos termos da representação.

Artigo 23 – Havendo ou não resposta, a Comissão de Ética encaminhará sua aceitação às partes envolvidas no prazo máximo de 10 (dez) dias, contados da data marcada para a audiência.

Artigo 24 – Os jornalistas atingidos pelas penas de advertência e suspensão podem recorrer à Assembléia-Geral no prazo máximo de 10 (dez) dias corridos a contar do recebimento da notificação.

Parágrafo único – Fica assegurado ao autor da representação do direito de recorrer à Assembléia-Geral, no prazo máximo de 10 (dez) dias a contar do recebimento da notificação, caso não concorde com a decisão da Comissão de Ética.

Artigo 25 – A notória intenção de prejudicar o jornalista, manifesta em caso de representação sem o necessário fundamento, será objeto de censura pública contra o seu autor.

Artigo 26 – O presente Código de Ética entrará em vigor após a homologação em Assembléia-Geral de Jornalistas, especialmente convocada para este fim.

Artigo 27 – Qualquer modificação neste Código somente poderá ser feita em Congresso Nacional de Jornalistas mediante proposição subscrita no mínimo por 10 (dez) delegações representantes do Sindicato de Jornalistas".

Manual de Assessoria de Imprensa

O Manual de Assessoria de Imprensa foi criado em 1986 pela Federação Nacional de Jornalistas Profissionais e lançado no auditório do Congresso. O texto, que reflete de certa forma como se dava a relação entre jornalista e o país, seus planos e recomendações, consta aqui na íntegra:

"A prática da atividade jornalística está definida em legislação específica – Decreto-Lei 972, de 17/10/1979, e Decreto 83.284, de 13/3/1979. No entanto, são freqüentes as confusões criadas pelos assessorados e até por profissionais da área de comunicação social – quais sejam, jornalistas, relações públicas e publicitários –, que não fazem distinção entre as atividades de uns e de outros. Isso só ocorre em duas circunstâncias: por desconhecimento das características de cada profissão ou por deliberada intenção de fazê-lo.

Na realidade, as instituições que têm uma política de comunicação social definida podem desenvolver um trabalho eficiente e produtivo nessa área, através da convergência de esforços dos profissionais assemelhados. Uma adequada política de comunicação social permite não apenas a coordenação de setores nela envolvidos (assessoria de imprensa, relações públicas e publicidade e propaganda), mas elimina desperdícios e superposições, invasões e conflitos de competência, erradicando desgastes improdutivos. Para que essas confusões não ocorram por desconhecimento, apresentamos sucintamente as principais diretrizes, funções e atribuições que as categorias profissionais afins estabeleceram para si.

Relações Públicas

A tarefa dessa área é identificar os problemas, apresentar soluções e melhorar o relacionamento dos assessores com seus vários públicos, como acionistas, empregados, dependentes, associados, filiados, coligados e membros, em nível interno.

Em nível externo, com fornecedores, consumidores, mercado, eleitorado, autoridades, comunidade e outros públicos, excetuando-se as relações com jornalistas, que é atribuição da própria categoria dos jornalistas, através das Assessorias de Imprensa.

O trabalho de relações públicas visa a promover o diálogo real e desenvolver um clima de boa vontade junto a esses públicos interno e externo, em relação aos assessorados, produtos, serviços, filosofia e, ainda, integrando o assessorado na sociedade.

A título de exemplo, podem-se detalhar os serviços de RP conforme o que segue, baseado em análise de organogramas de empresas e que serve como sugestão deste Manual: nas relações com o público interno, a criação e implantação de programas de integração, em conjunto com a área de relações industriais ou similar, desde a apresentação da empresa ou entidade, reuniões de diretoria com o pessoal ou acionistas, até festividades (natal, páscoa, etc.), dias alusivos (da secretária, motorista, telefonista, etc.), distintivos e homenagens, cumprimentos (aniversariantes, casamentos, nascimentos), concursos e visitas às instalações (open-house); elaboração de programas de comunicação interna, em conjunto com RI, RH e AI.

Nas relações com o público externo: planejamento e implantação de programas comunitários, programas de apoio às artes, concursos e campanhas de cunho social; promoção de pesquisa de opinião pública e análise dos resultados; criação e organização de eventos que aproximem o assessorado de seus públicos, como simpósios, cursos, seminários e similares, pedras fundamentais, inaugurações, visitas de grupos e outras solenidades; planejamento e implementação em conjunto com a Assessoria de Imprensa e Publicidade e Propaganda, de peças de comunicação institucional, tais como folhetos, boletins, relatórios, audiovisuais e correspondências especiais; planejamento e implementação, em conjunto com Publicidade e Propaganda, de programas de apoio a marketing, incluindo presença em feiras, exposições, congressos, atividades junto aos consumidores, revendedores e representantes; planejamento e implementação de relações com autoridades e órgãos do governo; colaborar com Publicidade e Propaganda na criação de campanhas de publicidade institucional; planejamento, organização e execução de malas diretas institucionais; manutenção e atualização de referências históricas do assessorado; manutenção e atualização de cadastros e listagens dos vários públicos.

A regulamentação da profissão de Relações Públicas é abrangida pela seguinte legislação: Lei 5.377 de 11/12/1967; Decreto 63.283, de 26/9/1968; Decreto-Lei 860, de 11/9/1969; Decreto 68.582, de 4/5/1971; Lei 7.192, de 5/6/1984; e Lei 7.197, de 14/6/1984.

Publicidade, propaganda e mercadologia

São duas as diferenças básicas entre informação publicitária e informação jornalística: 1ª – Publicidade e Propaganda tem clara intenção de venda de um produto, serviço ou imagem, visando a um público-alvo específico; já a notícia para ser impressa deve ser o relato, o mais fiel e imparcial possível, de um fato de interesse da coletividade; 2ª – Para veicular sua informação, Publicidade e Propaganda reserva espaços nos veículos e paga por eles; o aproveitamento ou não da informação jornalística não envolve pagamento: sua divulgação fica a critério do editor.

O trabalho de Publicidade e Propaganda pode ser, grosso modo, sumarizado em: planejar, coordenar e administrar a publicidade, propaganda, publicidade legal e campanhas promocionais; supervisionar e coordenar peças publicitárias e de propaganda; planejar, coordenar e executar estudos mercadológicos.

A regulamentação da profissão de publicitário está definida nas seguintes leis: Lei 4.680, de 18/6/1965, e Decreto 57.690, de 1°/2/1966.

Assessoria de Imprensa

A Assessoria de Imprensa é o serviço de administração das informações jornalísticas e do seu fluxo das fontes para os veículos de comunicação e vice-versa. É prestada a pessoas físicas e jurídicas de caráter público ou privado. Trata-se de serviço especializado privativo dos jornalistas. De natureza essencialmente dinâmica e versátil, a Assessoria de Imprensa é responsável por múltiplas atividades e desempenha papel estratégico na política de comunicação dos assessorados.

Além de produtos convencionais que ficam sob sua responsabilidade – edição de jornais, revistas, noticiários, materiais jornalísticos para vídeos etc. –, ela facilita os contatos com as informações obtidas (quer via noticiário, quer através de contatos diretos com jornalistas), prepara textos de apoio, sinopses e súmulas, administra as listagens referentes aos veículos de seu interesse e cuida para que as peculiaridades de cada um deles sejam respeitadas.

Como se observa, as atividades de RP e PP têm como objetivo, em linhas gerais, melhorar a comercialização de produtos e serviços e/ou imagem pessoal ou institucional. Embora, aparentemente, nada tenham em comum as atividades de Assessoria de Imprensa, constituem no seu conjunto o amplo universo da comunicação social, onde deve florescer estreita cooperação e conjugação de esforços.

Cada uma dessas áreas poderá gerar fatos ou revelar dados de interesse jornalístico, que poderão ser noticiados. O trabalho de Assessoria de Imprensa poderá, em contrapartida, dar o suporte e o reforço para ajudar as demais áreas a alcançarem seus objetivos, através da divulgação dos eventos, idéias e contratações.

Organograma

Uma das principais tarefas que a Assessoria de Imprensa tem sob sua responsabilidade – e igualmente fundamental para seu bom desempenho – é a de permanente interpretação crítica e seletiva do ambiente exterior. Esse trabalho permite-lhe ampliar sua capacidade de detectar indícios de alterações nas várias áreas e segmentos da sociedade (setores políticos, econômico-financeiros, sindicais, estudantis, científicos, eclesiásticos etc.) e de, assim, poder antever objeções, inconvenientes e mal-entendidos a alguma ação planejada pelos usuários de seus serviços.

Esta característica é de extrema utilidade para os centros decisórios de qualquer instituição. Através dela, a Assessoria de Imprensa poderá colaborar com os setores de planejamento estratégico e político dos assessorados. Poderá tornar-se a consciência que ajuda na identificação dos acertos e erros, sugerindo formas de aperfeiçoamento ou homologar impressões. Poderá contribuir para evitar posições contraditórias entre os setores, através da uniformização da linguagem de todos quantos tiverem contatos com os veículos de comunicação. Sua colaboração poderá estender-se ainda aos comunicados internos dos demais setores dos assessorados.

Assim, na medida em que tenha acesso às discussões sobre o futuro e a estratégia dos assessorados, seja em reuniões de diretoria, seja no convívio com a presidência ou titular, mais estará a par das suas preocupações e dos seus pontos de interesse. Resultado: poderá trabalhar mais adequadamente, direcionando melhor os seus esforços e obter resultados mais produtivos.

O titular da Assessoria de Imprensa, jornalista assessor de imprensa, deve, portanto, ter acesso direto à presidência e centros decisórios. Sua atuação reduz-se na proporção direta de seu pouco diálogo com a direção. O leque de sua produtividade amplia-se após o conhecimento da estratégia global, das preocupações dos centros de decisão e planejamento. Por essa razão, seguem dois exemplos de organogramas que abrangem as estruturas de Assessoria de Imprensa, Publicidade e Propaganda e Relações Públicas, sob uma política ampla de comunicação social.

Estrutura

A estrutura de uma Assessoria de Imprensa depende, entre outras variáveis, do volume de serviços que lhe são requisitados e das prioridades dos usuários desses serviços. Ela pode ter desde apenas uma pessoa – o próprio assessor –, até um número de profissionais que a caracteriza como uma típica redação (às vezes superior inclusive a muitas redações de determinados veículos de comunicação).

Basicamente os serviços de Assessoria de Imprensa podem ser prestados através das seguintes alternativas: uma estrutura interna própria, que garanta o mínimo de condições de trabalho ao jornalista de Assessoria de Imprensa; contratação de serviços de terceiros (assessorias externas); uma estrutura mista, que mantenha uma assessoria interna para os trabalhos rotineiros e uma empresa sob contrato para eventos especiais; nesse caso, os trabalhos executados pela assessoria externa devem ser supervisionados pela Assessoria de Imprensa interna.

Em qualquer caso, porém, as funções desenvolvidas por uma Assessoria de Imprensa (seja ela interna ou externa) devem ser exercidas por jornalistas e receber a denominação que a lei estipula: editor, redator, repórter, repórter-fotográfico, repórter-cinematográfico, diagramador, ilustrador, revisor e arquivista-pesquisador.

Fluxo de informações

A criteriosa seleção de notícias divulgadas pela imprensa com o objetivo de "alimentar" os assessores tem múltiplas finalidades, sendo sua função primordial subsidiar, em diversos níveis, seus centros decisórios e setores estratégicos. As informações provenientes desse trabalho de "garimpo" servem: para alertá-los ou esclarecê-los sobre alterações políticas, econômicas e sociais que tenham qualquer tipo de influência em sua imagem ou na condução dos negócios; para dar ciência mais aguçada e precisa do ambiente que os cerca, permitindo-lhes melhor interpretação da realidade em que atuam; e podem até definir com maior precisão sua própria identidade.

As informações também chegam à Assessoria de Imprensa através de solicitação de contatos pelos jornalistas dos veículos para conversas informais ou para entrevistas específicas e objetivas. A Assessoria de Imprensa é quem planeja e viabiliza tais contatos, prestando a ambas as partes serviços de apoio, como coleta de subsídios, preparação de textos e de conjunto de recortes sobre o assunto, prestação de informações adicionais para entrevistadores e entrevistados.

O fluxo inverso das informações – isto é, sua liberação para os veículos de comunicação – tem implicações mais amplas, pois envolve a perfeita consciência do que é passível de transformar-se em notícia e qual a melhor oportunidade de fazê-lo, bem como do que pode ser divulgado sem causar prejuízos ao assessorado, mas, ao mesmo tempo, sem furtar-se ao dever de prestar esclarecimentos à opinião pública. Esse trabalho exige da Assessoria de Imprensa um acompanhamento permanente das discussões e definições das estratégias de seus assessorados ou das áreas responsáveis por suas atividades institucionais, corporativas e mercadológicas, o conhecimento prévio de suas posições sobre cada assunto.

Assim, a Assessoria de Imprensa será tanto mais eficiente quanto mais conhecer as reais necessidades, interesses e precauções das fontes, bem como as exigências dos destinatários. Tal conhecimento permitirá melhor preparo e atuação mais adequada no desempenho de suas funções.

As atividades de rotina da Assessoria de Imprensa têm características preventivas, já que, de um modo geral, buscam, na permanente e estreita ligação com as informações procedentes do assessorado e do mundo exterior (noticiário), antecipar-se aos acontecimentos e não vir a reboque deles. Sem impedir o surgimento de fatos imprevisíveis e que podem repercutir negativamente na opinião pública, sua atuação minimiza o espaço para boatos e especulações.

De qualquer modo, é também função de uma Assessoria de Imprensa estar sempre preparada para um atendimento de emergência, o que pressupõe iniciativa e agilidade para obter e repassar aos veículos de comunicação, dentro de um plano de ação preestabelecido, respostas imediatas à demanda de informações surgidas nesses episódios inesperados.

Produtos e serviços

O universo das atividades da Assessoria de Imprensa abrange produtos e serviços que se equivalem em importância. Assim, é essencial que a estrutura da Assessoria de Imprensa seja compatível com o volume de trabalho existente e com as prioridades de seus assessorados. Esses produtos e serviços são abordados a seguir:

Acompanhamento diário dos noticiários

A leitura diária dos principais jornais e das revistas que vão "pingando" regularmente no dia-a-dia de uma Assessoria de Imprensa, bem como o acompanhamento dos noticiários de rádios e tevês, são atividades fundamentais para se manter sempre um bom nível de informação sobre a evolução dos quadros político, econômico, social, trabalhista, cultural, tecnológico, das ações do governo, do pensamento de líderes de classe, da opinião pública etc., tanto em nível local e regional, quanto nacional e até internacional.

As informações, que são matéria-prima do jornalismo, depois de elaboradas e publicadas constituem novas matérias-primas da Assessoria de Imprensa, visando alimentar o campo das idéias que poderão ser ampliadas ou modificadas e o dos produtos da Assessoria de Imprensa, que serão elaborados.

Recortes

As notícias de interesse imediato, por sua relação direta ou indireta com os interesses dos assessorados, bem como aquelas que poderão ser consultadas posteriormente, são recortadas, selecionadas e destinadas, nas primeiras horas da manhã, aos escalões de decisão (*press clipping*). Nos recortes, assinalam-se os tópicos importantes. São notícias sobre os assessorados, concorrentes, setores de atuação ou políticas, econômicas e sociológicas. Matérias, análises, editoriais, bem como informações para enriquecer o banco de dados, também são selecionados para leitura imediata ou armazenamento.

Mais uma vez fica clara a necessidade de a Assessoria de Imprensa estar perfeitamente atualizada, sintonizada, cientificada, acerca das preocupações, estratégias, alterações nos rumos dos negócios ou das ações dos assessorados, pois, do contrário, o serviço de recortes refletirá esse descompasso, tornando-se pouco eficiente ou totalmente inútil.

Súmulas, sinopses e análises

As súmulas relacionam os assuntos noticiados pelas emissoras de rádio e tevê e os agentes das matérias. As sinopses são os resumos das principais notícias veiculadas pelos jornais mais importantes, com transcrição de trechos que mereçam destaque. Entre outras finalidades, a sinopse avalia a importância que cada veículo dá para os assuntos e qual a abordagem, permitindo identificar melhor a linha editorial adotada.

Mais elaboradas do que as sinopses, as análises comportam interpretações críticas, revelando informações e intenções omitidas. Esclarecem o que ficou nas entrelinhas, avaliam as diversas fontes e dão a visão da própria Assessoria de Imprensa, procurando projetar os rumos possíveis da evolução dos assuntos.

Os recursos tecnológicos do vídeo e do som tornam possível ainda a preparação de compactos de telejornais ou fitas com as notícias de rádio.

Contatos e entrevistas

Dentre as atividades da Assessoria de Imprensa há uma série que resulta em ações que permitem simultaneamente a internação e a exteriorização de informações. Os contatos informais com jornalistas proporcionam a troca, o confronto, os questionamentos e as homologações entre as posições dos jornalistas e das fontes. São oportunidades para aferir a consciência, a visão, a perspectiva, dar bases para as decisões. Os contatos permitem maior flexibilidade, pois comportam troca de informações para consumo próprio e não necessariamente para publicação ou para elaboração de notícia a ser veiculada de imediato. Além disso, os jornalistas de Assessoria de Imprensa devem acompanhar as entrevistas individuais ou coletivas.

Entrevista individual

As entrevistas mais formais devem levar em consideração que a sua realização tem por objetivo transformar as declarações em notícias a serem publicadas ou levadas ao ar. As próprias questões formuladas e a pauta a ser coberta constituem indicações seguras das preocupações, dúvidas, desconhecimentos, enfim, da demanda de informações que o mundo exterior crê que o entrevistado tem para oferecer.

A entrevista pessoal, de uma forma geral, surge do interesse do repórter, do editor, de colher declarações de determinada fonte ou sobre determinado assunto. Cabe à Assessoria de Imprensa receber a solicitação de entrevista e ponderar se aquela é a melhor fonte para dá-la e até sugerir outras, mas nunca vedar o acesso ao repórter se ele mantiver a solicitação original. Quando for o caso, a Assessoria de Imprensa prepara e oferece material e informações de apoio para o entrevistador e para a fonte. Posteriormente, a avaliação do desempenho da fonte poderá trazer indicativos úteis sobre a necessidade de correção de posturas ou eliminação de possíveis mal-entendidos e falsas expectativas.

Entrevista coletiva

A entrevista coletiva é convocada sempre que a informação a se transmitir seja de relevante interesse público. A convivência ou interesse do assessorado, por si só, nunca é suficiente para ajustá-la. O parâmetro é sempre o do interesse público. É preciso lembrar que a convocação de uma entrevista coletiva aciona toda uma complexa estrutura nos veículos de comunicação. Começando pelo editor que recebe a comunicação, estendendo-se ao pauteiro (profissional que prepara e decide as pautas do dia a serem cobertas), à chefia dos repórteres-fotográficos e cinematográficos e até à chefia do tráfego ou transporte, que destaca motoristas e veículos para levar a equipe de reportagem.

Será deplorável, após o acionamento de toda essa engrenagem, o repórter constatar que a informação passada na entrevista não justificou o esforço dispendido. A fonte fatalmente ficará desgastada, e muito mais a Assessoria de Imprensa, cujos jornalistas deveriam ter feito antes criteriosa avaliação do evento. Nos veículos de comunicação, todos os envolvidos experimentarão sensação de frustração idêntica à do repórter, quanto mais por terem perdido a oportunidade de cobrir um outro fato mais proveitoso e relevante. Sempre que um assunto ou evento entra em pauta, é porque foi selecionado e priorizado entre outros programados para a mesma hora. É evidente que uma frustração pesará na avaliação das opções futuras.

Pelo exposto, fica claro que uma entrevista coletiva deve ser convocada com muito maior responsabilidade do que o simples envio de informações às redações. Uma vez convocada, a Assessoria de Imprensa poderá – se assim as circunstâncias o exigirem – preparar o material de apoio (relatórios, roteiros, textos, gráficos, ilustrações ou fotos), e deverá acompanhar a entrevista, avaliar, recuperar as notícias publicadas e levantar os noticiários de rádio e tevê.

A organização de uma coletiva deve considerar as peculiaridades dos diversos veículos convidados, seja na infra-estrutura, seja no horário de sua realização, seja ainda em relação ao teor da entrevista. O alvo da Assessoria de Imprensa envolve, conforme o caso, emissoras de rádio e de tevê, jornais, revistas técnicas, agências noticiosas e até mesmo a imprensa internacional. São veículos com exigências técnicas, de horários e de prazos de fechamento, níveis de detalhamento e enfoques, completamente distintos. Conforme o assunto e a seu próprio critério, a Assessoria de Imprensa poderá (e deverá) estudar a possibilidade de escalonar, agrupando os veículos e desdobrando a coletiva para facilitar o trabalho de todos.

Em algumas situações, os presentes às coletivas devem organizar-se de forma racional, evitando atropelos e constrangimentos da fonte e desentendimentos entre os próprios jornalistas.

Tanto na entrevista individual quanto na coletiva há, por parte da Assessoria de Imprensa, um envolvimento direto com três diferentes aspectos:

1. Preservação da fonte

A convivência de repórteres e fontes muitas vezes permite que surja entre eles uma relação de convivência profissional, benéfica para ambas as partes. A manutenção dessa relação abre às fontes a perspectiva de dispor de espaço editorial para debater suas idéias, expor seus conceitos, exercer seu poder de crítica. Para os repórteres, fixa um canal, ao qual poderão recorrer com freqüência.

Cumpre lembrar, no entanto, que, a cada entrevista, o repórter avalia o entrevistado quanto a sua qualidade como fonte. A boa fonte é preservada, lembrada, consultada. A que não é, ao contrário ou deliberadamente evitada. Uma boa fonte se mantém constante e sempre tem informações pertinentes para complementar a matéria que o jornalista está preparando ou para sugerir como pautas para futuras matérias. Muitos repórteres trabalham também com suas próprias pautas, ou seja, trabalham hoje com uma boa informação recebida ontem.

2. Peculiaridades de cada veículo

Cada tipo de veículo tem exigências diferenciadas quanto ao tratamento dado à informação, velocidade no atendimento, nível de detalhamento. As exigências cobradas ao repórter do jornal são diferentes das cobradas ao repórter de rádio ou tevê, que são diferentes das revistas semanais ou mensais. Outra diferenciação é quanto ao nível de especialização do jornalista que recebe a informação. Os editores, redatores e repórteres que cobrem um determinado setor têm dele uma noção prévia, acompanham sua evolução e conhecem seus principais problemas. Realizam suas entrevistas e contatos com pessoas da área com embasamento substancial. Isso permite que a matéria, fruto da entrevista, reflita a real posição do entrevistado, desde que as duas partes ajam de forma correta, com a fonte expondo plenamente a realidade – sem meias verdades – e o repórter passando ao público com clareza e honestidade as opiniões emitidas.

Cabe à Assessoria de Imprensa dar o atendimento adequado a cada profissional e a cada veículo. Nesse sentido, além de levar em consideração a experiência dos jornalistas atendidos, deve preocupar-se com as peculiaridades dos veículos de comunicação que representem e que, em linhas gerais, podem ser agrupados como segue:

A) Os jornais diários. Nos jornais diários o repórter recebe a missão no início da jornada e tem que apresentar resultados no fim do dia. Como geralmente sua jornada é de cinco horas, a missão tem que ser cumprida nesse período. A questão do prazo, ressalte-se, fica crítica à medida que se aproxima o fechamento da edição. As informações coletadas são redigidas e "copidescadas", visando à publicação no dia seguinte. Está mais do que claro que se o jornalista não obtém a informação que procura no seu período de trabalho, muito provavelmente deixará de ter interesse por ela no dia seguinte. Essa é a razão que faz com que o jornalista seja sempre quem deseja as coisas "para ontem". Essa regra altera-se, eventualmente, por ocasião de matéria especial (de fim-de-semana, por exemplo) elaborada com mais tempo e com maior flexibilidade para contornar impedimentos de um dia.

B) As revistas. O redator ou repórter de revista, embora também tenha o compromisso de fechamento semanal ou mensal, dispõe de um pouco mais de elasticidade quanto a prazos. Como trabalha, em geral, mais de uma matéria ao mesmo tempo e procura ouvir o maior número possível de fontes, convém-lhe agendar com razoável antecedência suas entrevistas.

C) Rádios e tevês. As rádios e tevês trabalham com o tempo contado em segundos. Nas entrevistas a esse veículo o ideal é a fonte estar preparada para dizer a essência de seu pensamento em curto espaço de tempo. Mesmo que a gravação se estenda, o material é, de maneira geral, editado, indo para o ar de forma sintética.

3. Fonte *versus* jornalistas: critérios para tornar mais eficiente essa relação

Nos contatos e entrevistas com jornalistas é fundamental evitar-se o "nada a comentar". Não ter o que comentar é uma coisa. Não querer é outra. Contra essa ação vem, de imediato, uma reação e o que ocorre é um mal-estar que, daí para a frente, tende a dificultar a aproximação dos interlocutores. Conseqüentemente, os resultados serão lamentáveis.

A informação solicitada deve ser fornecida sempre que disponível. O recurso do "off" pode ser uma alternativa para casos de sigilo temporário. Cabe ao repórter, neste caso, ponderar até checar aquela informação com outras fontes, se for o caso, antes de publicá-la.

Um aspecto nem sempre lembrado é o da necessidade de o entrevistado falar com clareza e pausadamente para evitar mal-entendidos e dar tempo para anotações.

Outra medida que costuma trazer bons resultados é a fonte estar sempre pronta a atender pessoalmente às solicitações dos jornalistas. Mesmo que não possa atender na hora, convém oferecer alternativas, nunca esquecendo que o fechamento das edições tem horário rígido e improrrogável. Quanto mais cedo, mais tempo o repórter terá para trabalhar a informação. A matéria finalizada terá mais alternativa de espaço no noticiário e maior probabilidade de ser bem aproveitada. O atraso espreme o jornalista entre a necessidade de escrever a matéria e o horário de fechamento. Os espaços estarão mais escassos, reduzindo a possibilidade de bom aproveitamento.

O relacionamento com os veículos de comunicação não admite a postura unilateral de chamá-los quando conveniente e não atendê-los quando estes procurarem. Isso acaba dando ao jornalista a inevitável impressão de estar sendo usado. A colaboração mútua é imprescindível para a durabilidade do relacionamento.

Notícias para a imprensa

O rigor do critério jornalístico na elaboração da notícia destinada aos veículos de comunicação é essencial para que não se percam o valor e a utilidade da informação nela contida. Sempre que há o relaxamento desse rigor, o que se segue é uma completa descaracterização dessa importante peça da Assessoria de Imprensa. Notícias para a imprensa (*press releases*) banais e fúteis só servem para seu próprio descrédito.

Para minimizar tal desgaste, é necessário seguir uma regra básica, mesmo levando em consideração o interesse e objetivos dos assessorados: nunca abrir mão do critério jornalístico na avaliação da informação. O texto deve ser objetivo e sintético. Sua função básica é levar às redações notícia que possa servir de apoio, atração ou pauta que provoque pedido de entrevista ou informações complementares. Por isso, quando enviado por portador ou correio aos veículos de comunicação deve ser feito em papel timbrado (o que significa responsabilidade assumida), explicitar telefone para possíveis contatos e identificar o jornalista autor do texto com o respectivo número do registro profissional e, preferencialmente, também a matrícula sindical. Lembrete: a divulgação de qualquer notícia implica, necessariamente, disposição de atender os jornalistas para oferecer informações adicionais e fontes preparadas para isso.

Quando, como e a quem mandar

Também dentro de uma Assessoria de Imprensa como ocorre nas próprias redações, há as chamadas matérias (*press releases*) quentes e frias: as primeiras, por exemplo, chamando a atenção para algo que está acontecendo ou vai acontecer e que poderá ser coberto pelos veículos de comunicação (são as notícias-convite/pautas) e as segundas, com informações sobre eventos transcorridos em prazos recentes e que podem ter algum interesse à opinião pública. Uma e outra só cumprirão suas finalidades se destinadas à pessoa e editoria certas e, no caso de informações perecíveis, no momento certo, nem com muita antecedência (para evitar extravios ou esquecimento) nem em cima da hora.

Na fase de fechamento do jornal, sabe-se que os minutos são importantes. Um minuto de atraso em relação ao fechamento editorial e dificilmente o editor abrirá a página para substituir uma notícia. Por isso, um dos pontos críticos de uma Assessoria de Imprensa é a expedição de informações perecíveis. Para esses casos, recomenda-se a utilização dos meios mais práticos e ágeis como telefone, mensageiros etc.

Pasta de imprensa

Utilizadas em eventos especiais ou entrevistas coletivas, as pastas de imprensa (*press kits*) consistem em material de apoio, geralmente composto por textos especiais, fichas técnicas, gráficos, ilustrações e fotos sobre o assunto em pauta. São distribuídas aos jornalistas encarregados da cobertura e, conforme o caso, enviadas às redações para substituir as matérias em preparação ou para incorporação ao banco de dados ou setor de documentação para posteriores consultas.

Comunicado

Geralmente comunicado aos veículos de comunicação contém uma informação para uso do jornalista e não para ser noticiada. Seja a indicação de novo telefone ou endereço para contatos, seja uma informação para facilitar a cobertura de um assunto que está sendo acompanhado pelos veículos.

Nota oficial

Quando um assunto exige uma declaração, um esclarecimento, uma posição da fonte, em caráter oficial, usa-se a nota oficial, que pode ser veiculada como matéria paga ou não. O que deve ser evitado, porém, é a divulgação da nota fechando-se a possibilidade de questionamento direto da fonte, pois essa é uma postura autoritária. Toda nota poderá ser questionada diretamente pelo jornalista, ou levada a terceiros para contestação, para análise e comentários. A nota oficial deve ser utilizada somente como último recurso. Seu uso, de maneira geral, restringe-se a circunstâncias, fatos ou assuntos excepcionais.

Artigos especiais

Os artigos especiais são preparados a partir da manifestação de interesse de determinado veículo, sobre o qual os assessores sejam especialistas ou reconhecidos como habilitados a discorrer. Nesse caso, cabe ao assessorado escrevê-lo e à Assessoria de Imprensa a elaboração do texto jornalístico final a ser encaminhado à publicação. O artigo é assinado pelo assessorado que o escreveu. Não confundir artigo especial com matéria especial, que não deve ser feita pela Assessoria de Imprensa.

Eletrônicos

A intenção de facilitar o aproveitamento das informações preparadas pelas Assessorias de Imprensa pode alcançar produtos eletrônicos, como cartuchos de vídeo, fitas gravadas e filmes. À semelhança de fotos e gráficos que acompanham as notícias, ou a própria notícia já redigida em termos jornalísticos, o material eletrônico certamente poderá ser incluído nos noticiários de rádio ou tevê. Da mesma forma que a notícia impressa, sua preparação deve obedecer a critérios jornalísticos, com um rigor adicional quanto à objetividade do texto lido e da imagem (vide reflexões).

Fotografias

Todas as fotografias que uma Assessoria de Imprensa encaminhar às redações, acompanhando determinada notícia, devem, respeitando a legislação profissional e os acordos coletivos dos jornalistas, mencionar explicitamente os seus autores (o crédito, não se deve esquecer, é uma importante conquista dos repórteres-fotográficos que não pode ser desrespeitada por companheiros ou outros segmentos).

Publicações

As publicações institucionais representam importante e eficiente instrumento de informação no esforço integrado de comunicação social. Por espelharem para públicos internos e externos o que é assessorado, seus valores e sua qualidade, devem ser produzidos com padrões gráficos e editoriais adequados às suas finalidades. Seu planejamento, redação, coordenação, supervisão, bem como a aprovação de produção e edição competem à Assessoria de Imprensa, mesmo que estas sejam feitas com o eventual apoio de serviços de terceiros. De uma forma geral, a Assessoria de Imprensa planeja, coordena e edita jornais (*house organs*), vídeo e rádio-jornais, revistas e boletins informativos internos ou externos.

Cursos

Diante da generalizada falta de conhecimento das fontes e Assessorias de Imprensa, seria recomendável estimular, propor, sugerir e acompanhar a realização de cursos, palestras, seminários, discussões ou simpósios para: a) esclarecer as fontes sobre a importância dos veículos de comunicação, sua forma de trabalho, as exigências a serem atendidas, comportamentos na relação com os jornalistas etc.; b) dentro do interesse dos jornalistas dos veículos, promover reuniões, encontros, debates, cursos, estágios ou seminários, a fim de dar a oportunidade para que estejam bem informados, familiarizados e que tenham suas dúvidas totalmente esclarecidas acerca dos assessorados, seus produtos e serviços, pensamentos, ações, filosofia, setor, tecnologia etc.; c) esclarecer o conjunto de funcionários de uma empresa ou instituição sobre o trabalho da Assessoria de Imprensa e sua importância, a fim de eliminar os preconceitos existentes.

Outros

Além dos vários produtos e serviços que executa, é função específica da Assessoria de Imprensa conhecer em profundidade os dois universos aos quais vai permanentemente se reportar, visando tornar a relação assessorado-veículos a mais eficiente e proveitosa possível. Compete-lhes, nesse sentido: manter permanente atualização das listagens das fontes e dos jornalistas e veículos de seu interesse, manter arquivos dos produtos da Assessoria de Imprensa; manter ou ter acesso prioritário ao banco de dados; elaborar as respostas a questionários enviados pelos jornalistas, a partir de subsídios próprios ou fornecidos pelas áreas envolvidas no assunto.

Equívocos freqüentes

Na medida em que o assessorado passa a ser um boa fonte, representante categorizado de um setor, torna-se inevitável a aproximação com os veículos de comunicação. Acompanhando tal evolução, a Assessoria de Imprensa deve orientar permanentemente as fontes, mostrando antecipadamente as desvantagens dos freqüentes equívocos cometidos:

1. Por parte das fontes

a) pressões sobre a notícia. Pressões visando à inserção de determinado assunto ou sustação de notícia desfavorável são, em geral, recebidas em qualquer redação séria e competente com profunda indignação. Tanto mais se essa pressão for realizada via poder econômico (departamento comercial, por exemplo), político ou via proprietário de veículo. A fonte, ainda que venha a ter algum êxito na sua iniciativa, ficará irremediavelmente marcada pelos jornalistas; b) pressão sobre os profissionais. Também ocorre exigir-se a demissão de determinado profissional apenas pela publicação de informações que de alguma forma desgostaram e/ou prejudicaram determinada fonte. Pressionar pela demissão pode até trazer uma aparente vitória inicial, caso a atitude seja bem-sucedida, mas a médio e longo prazos será fatal o desgaste. Igualmente ao caso anterior, surgirá naquela redação e entre os jornalistas em geral uma profunda indignação contra o autor; c) mentira. A mentira é condenável em qualquer circunstância. Mentir ao profissional de um veículo de comunicação tende a ser mero paliativo que, ao contrário de resolver o problema, abre a possibilidade de uma volta e até com maior virulência. A verdade, ainda que referente a um fato desagradável ou inconveniente, pode ser melhor compreendida do que qualquer mentira e nunca fecha as portas para futuros esclarecimentos; d) presença oportunista no noticiário. Para diversas pessoas parece fácil e normal freqüentar com assiduidade o noticiário de jornais, revistas, rádios e tevês, quando se dispõe de uma Assessoria de Imprensa. Chega a ser razoável, nessa visão, exigir que a Assessoria de Imprensa consiga, através de seu "poder de influência", ampliar o espaço de divulgação para aquela fonte nos diversos veículos de comunicação. É a história do "faça o que for necessário para que eu esteja diariamente no noticiário". Isso, é importante frisar, é uma fantasia, uma distorção do efetivo trabalho de uma Assessoria de Imprensa. Não é ela que coloca seu assessoramento no noticiário, nem tem obrigação disso. O que determina a veiculação de uma notícia pelos órgãos de comunicação é o seu interesse jornalístico; e) discriminação. A antipatia por determinado jornalista pode transformar-se facilmente em desrespeito, não só ao profissional, como à corrente de opinião que representa. A discriminação não se limita a pessoas. Há outros tipos de discriminação, ao nível do veículo. Numa convocação de entrevista coletiva, por exemplo, não se pode discriminar convidando apenas os jornais ou revistas mais importantes ou chamando as televisões de maior audiência. O dever da Assessoria de Imprensa é convocar a todos. A partir desse momento, a decisão ou possibilidade de cobertura dos veículos cabe exclusivamente à chefia de reportagem, ao pauteiro ou aos editores. O que cabe à Assessoria de Imprensa é garantir que todos os veículos recebam a informação da mesma forma, em tempo hábil. Evitar a discriminação tem o extremo oposto de a fonte dar declarações só se for para todos. A democratização da informação não elimina a valorização da competência, a aceitação das diferenças. Cada jornalista tem uma retaguarda diferente dos demais. Eles têm informações diferentes, pautas diferentes. Competências diferentes. É necessário respeitar tais diferenças, incluindo o direito profissional do "furo" jornalístico; f) quem diz o que é notícia. Dar à Assessoria de Imprensa acesso às informações significa permitir a identificação das coisas relevantes, sob o ponto de vista jornalístico, insuspeitas ao leigo. Muitas vezes um fato omitido poderia ser uma grande notícia. O inverso também está fora da realidade: achar que tudo o que se refere ou convém a si ou à instituição seja notícia; g) avaliação por centimetragem. É um equívoco a fonte pretender avaliar o desempenho de sua Assessoria de Imprensa exigindo-lhes provar sua eficiência através de centímetros de matérias publicadas na imprensa. A melhor avaliação que se pode fazer de uma Assessoria de Imprensa é pelo relacionamento que ela própria e seus assessorados mantêm com a imprensa; h) aluguel de nome. O expediente de "alugar" o nome de um jornalista, que apenas assina as matérias e publicações, é condenável por ser contraproducente, quando não flagrantemente ilegal. Além de não garantir a boa qualidade de um trabalho, é usado para evitar a contratação de um profissional habilitado ou para esconder o exercício ilegal da profissão, ferindo também a ética da categoria; i) desrespeito à Assessoria de Imprensa. Pode acontecer de o assessorado, pela proximidade do dia-a-dia, procurar o repórter para divulgar alguma notícia ou fato relativo à empresa ou instituição, de forma direta, desrespeitando o trabalho e a função da Assessoria de Imprensa. Essa prática é condenável, cabendo ao jornalista responsável pela Assessoria de Imprensa evitar junto à fonte que isso aconteça. O mesmo recomenda-se aos companheiros das redações; j) regalias. É um erro supor que regalias concedidas aos jornalistas dos veículos de comunicação, em determinadas circunstâncias, dão direito de se exigir a publicação de matérias, ou representem garantia de que isso ocorre. Numa eventual cobrança, o relacionamento com a imprensa tende invariavelmente a se deteriorar.

2. Por parte da Assessoria de Imprensa

Às vezes, a Assessoria de Imprensa também comete equívocos. As redações, por exemplo, apontam vários deles. Trabalhar eficientemente, com profissionalismo, com dignidade, não é ficar cobrando com insistência o não aproveitamento de um *press release*, produzir grandes quantidades de notícias, inundar as redações com o mesmo material, sonegar informações que eventualmente prejudiquem o assessorado, fazer visitas de cortesia no horário de fechamento.

A relação de falhas não termina aí. Marcar entrevistas e coquetéis para jornalistas em horário inadequado; avisar sobre o evento que valeria cobrir, porém sem tempo hábil para deslocar o repórter; enganar, anunciando a presença de personalidades, sem uma confirmação; omitir dados e exagerar na promoção do assessorado. Muitas vezes acontece de a Assessoria de Imprensa pretender mostrar sua "eficiência" através do volume de centimetragem de matérias publicadas. A exemplo do que ocorre quando essa atitude parte das fontes, e pelas mesmas razões, tal atitude é equivocada.

3. Por parte dos veículos de comunicação

Há equívocos por parte das empresas jornalísticas e dos jornalistas das redações acerca da atividade da Assessoria de Imprensa, dos jornalistas que trabalham na Assessoria de Imprensa, bem como seus produtos e serviços. Podem ser citados como exemplos: nem todo *press release* é material para o lixo. Boas matérias podem ter (e muitas delas já tiveram) seu ponto de partida nesse instrumento de trabalho das Assessorias de Imprensa; considerar que as Assessorias de Imprensa boicotam o trabalho dos veículos de comunicação; considerar que cabe às Assessorias de Imprensa elaborar matéria paga e fornecer fotos e até legendas para publicação nos veículos de comunicação; esperar e exigir que as Assessorias de Imprensa sempre enviem *press releases*.

Essas e outras distorções exigem esclarecimentos e soluções. A própria elaboração deste Manual é uma proposta para evitá-las. Outra forma é o aprofundamento da discussão em toda a categoria. Como dito na Introdução, a exigência de melhor qualidade de informação força uma melhor reflexão dos profissionais também dentro dos veículos de comunicação.

4. Por parte de outras áreas da própria empresa

O trabalho da Assessoria de Imprensa, e mesmo a forma como opera, causam alguma estranheza para outras áreas e funcionários dos assessorados, que passam equivocadamente a ver os jornalistas como privilegiados. Por exemplo: leitura de jornais e revistas e acompanhamento de noticiário em rádio e televisão. A importância dessa atividade é vital, como já foi visto anteriormente. A leitura e o acompanhamento do noticiário não são descompromissados; têm um objetivo, uma importância e uma utilidade. Ausência de sala. A própria atividade da Assessoria de Imprensa exige contatos em grande quantidade e variedade, seja com as fontes, seja com os destinatários das informações e das pesquisas. Não se pode exigir que todas as fontes venham à Assessoria de Imprensa. A Assessoria de Imprensa precisa sair em busca de informações. Conversações telefônicas. Pela mesma razão do item anterior, o telefone é um instrumento de larga utilização na Assessoria de Imprensa. Horário de trabalho. A jornada do profissional de jornalismo é de cinco horas. Muitas assessorias são prestadas em período até menores, segundo suas necessidades. Outras, em compensação, trabalham de oito a doze horas. Na cobertura de eventos, por exemplo, a Assessoria de Imprensa é geralmente a primeira a chegar e a última a sair, em busca de informações e atendendo os repórteres.

Prioridades. Em função dos prazos de que os veículos de comunicação dispõe, a Assessoria de Imprensa opera obedecendo e tendo que atender às solicitações ou ao preparo e envio de material dentro desses prazos. Assim, é claro que exige prioridades em várias áreas como xerox, gráfica, estúdios, expedição etc.

Local adequado. A Assessoria de Imprensa necessita ter local próprio para o exercício de suas atividades e para receber os jornalistas que a procuram, bem como condições materiais para fazê-lo. Uma Assessoria de Imprensa é um centro de gravitação de jornalistas, de constantes telefonemas e ruídos de máquinas de escrever. É um ambiente de trabalho atípico em determinadas empresas ou repartições, que em geral não é suficientemente conhecido e pode chegar a incomodar os demais ambientes. Nos casos em que não haja possibilidade física de separação, os funcionários de outros setores devem ser esclarecidos sobre essas características. É fundamental entender que os itens citados representam apenas a estrutura necessária para o bom funcionamento de uma Assessoria de Imprensa.

Apêndice

1. Mitos. Porta-voz. A nossa luta é pelo desaparecimento da figura do porta-voz. O assessor de imprensa deve atuar junto às fontes que assessora no sentido de que elas sempre se pronunciem como forma de se qualificarem perante a opinião pública. O jornalista assessor deve provocar a manifestação pessoal da fonte.

Lobby. Existem lobbies e lobbies. Existe o trabalho de esclarecimento, de argumentação, de convencimento legítimo sobre pessoas com poder de decisão, em defesa de posições legítimas. Há porém pressões ilegítimas, ilícitas, corruptas. Falando do lobby legítimo, trata-se de função sem exclusividade deste ou daquele profissional. Poderá até ser jornalista.

Comunicação social. A chefia do departamento, divisão, diretoria etc., de comunicação social não é função exclusiva de jornalista. É, sim, exclusiva de profissional de comunicação social, que pode ser jornalista, relações públicas ou publicitário.

2. Reflexões. Além dos pontos que se logrou aqui definir, há muitos outros cujo foro para discussão mais adequada não é este Manual. Desses, relacionamos entre outros os seguintes, sobre os quais toda a categoria precisa refletir e debater com profundidade.

Omissão. A omissão remete à reflexão sob vários ângulos. Quando é legítima e aceitável? Quando não? Quando a omissão é da fonte e quando é da Assessoria de Imprensa? Os casos que implicam questões comerciais, de segurança, pânico da comunicação, riscos para pessoas ou grupos, justificam a omissão? Quais são os limites do direito à informação, do direito à privacidade e à censura?

Dupla atuação. Há jornalistas que trabalham em redações de veículos de comunicação e em Assessorias de Imprensa. Será que essa duplicidade é legítima?

Discriminação político-ideológica. Os avanços políticos incrementados pela mudança de governo permitiram que os espaços de participação e militância fossem ocupados. Hoje vários partidos foram criados, outros legalizados e hoje são um componente fundamental da consolidação do regime democrático. Os jornalistas, cidadãos antes de tudo, devem exercer seus direitos de plenitude. Um deles é o de poder optar livre e abertamente por um partido, movimento ou corrente de pensamento. Essa opção tem sido dificultada, às vezes por incompreensão e por receios injustificados. A escolha pela militância num determinado partido político é incompatível com o exercício profissional? A imparcialidade impede que a cidadania seja exercida sem restrições?

O outro lado da questão é a discriminação profissional que pode vir a sofrer um jornalista com posições político-ideológicas públicas. Nem sempre esse direito é garantido pelo empregador, que procura exigir fidelidade a si e às suas convicções.

A cidadania também é extensiva a nós, profissionais jornalistas, e o debate sobre essa questão está colocado na ordem do dia.

Referências bibliográficas

AIDAR, Marcos & LOBO, Edson. "O desafio da comunicação, dentro e fora das empresas". São Paulo, 1995 (mimeo).

BAHIA, Juarez. *Introdução à comunicação empresarial*. Rio de Janeiro, Mauad, 1995.

BARBEIRO, Heródoto. *Você na telinha – como usar a mídia a seu favor*. São Paulo, Futura, 2002.

BOND, F. Fraser. *Introdução ao jornalismo*. Trad. Cícero Sandroni. Rio de Janeiro, Agir, 1959.

DIAS, Vera. *Como virar notícia e não se arrepender no dia seguinte*. Rio de Janeiro, Objetiva, 1994.

DUARTE, Jorge (org.). *Assessoria de imprensa e relacionamento com a mídia: teoria e técnica*. São Paulo, Atlas, 2002.

FEDERAÇÃO Nacional dos Jornalistas (Fenaj) e Sindicato dos Jornalistas Profissionais do Estado de São Paulo – *Código de Ética* (1986) e *Manual de Assessoria de Imprensa* (1986). Brasília e São Paulo.

FILHO, Humberto Manera. "Aprendizado mútuo". *Comunicação Empresarial*, n. 28, São Paulo, Aberje, 1998.

GOODWIN, H. Eugene. *Procura-se ética no jornalismo*. Trad. Álvaro Sá. Rio de Janeiro, Nórdica, 1993.

HODGES, Louis W. *Jornalismo versus privacidade*. Org. Deni Elliott. Trad. Celso Vargas. Rio de Janeiro, Nórdica, 1990.

HUDEC, Vladimir. *O que é jornalismo?* Trad. Maria Manuel Ricardo. Lisboa, Caminho, 1980.

KOPPLIN, Elisa & FERRARETO, Luiz Artur. *Assessoria de imprensa – teoria e prática*. Rio Grande do Sul, Sagra-DC Luzzatto, 1996.

LOPES, Marilene. *Quem tem medo de ser notícia? – da informação à notícia – a mídia formando ou "deformando" uma imagem*. São Paulo, Makron Books, 2000.

MONTALBÁN, Manuel Vásquez. *As notícias e a informação*. Rio de Janeiro, Salvat, 1979.

NASSAR, Paulo. *O que é comunicação empresarial*. São Paulo, Brasiliense, 2000; e artigos no site da Aberje (www.aberje.com.br).

NORI, Walter & VALENTE, Célia. *Portas abertas*. São Paulo, Círculo do Livro, 1990.

PALMA, Jaurês. *Jornalismo empresarial*. Rio Grande do Sul, Sagra-DC Luzzato, 1994.

PEREIRA, Suzana Alice. *Manual de relacionamento com a mídia*. Bahia, Liceu de Artes e Ofícios da Bahia, 2000.

PETERSON, Theodoro & JENSEN, Jay W. & RIVERS, Willian L. *Os meios de comunicação e a sociedade moderna*. Trad. Jovelino Pereira Ramos. Rio de Janeiro, GRD, 1966.

POMPEU, Renato. "Jornalismo Disney". *Caros Amigos*, n. 10, São Paulo, jan. 1998.

REGO, Francisco Gaudêncio Torquato do. *Comunicação empresarial/comunicação institucional – conceitos, estratégias, sistemas, estrutura, planejamento e técnicas*. São Paulo, Summus, 1986.

STEDILE, João Pedro. "O círculo vicioso da submissão". *Caros Amigos*, n. 66, São Paulo, set. 2002.

Rivaldo Chinem nasceu em 2 de outubro de 1952 em Itariri, Vale do Ribeira (SP). Formou-se em jornalismo pela Faculdade de Comunicação de Santos, turma de 1974. Começou a trabalhar no jornal *Cidade de Santos*, foi para a *Folha de S. Paulo*, revista *Veja*, *O Estado de S. Paulo*, colaborou na imprensa alternativa (*Opinião, Movimento, Versus* e *Repórter*), religiosa (*O São Paulo*), dirigiu o jornalismo da tevê Gazeta, da rádio Tupi, apresentou o programa *Imprensa e Comunicação em Debate* com Paulo Nassar na rádio Bandeirantes.

Ganhou o prêmio Wladmir Herzog em 1982. Foi colunista da Agência Estado com "Leitura do empresário", e do site Topnegócios, do Portal Terra, com "Marketing Empresarial".

É colunista do *Portal Megabrasil* (www.megabrasil.com.br) com "O dia-a-dia das assessorias de comunicação".

Escreveu os livros: *Terror policial* com Tim Lopes (Global), *Sentença* (Paz e Terra), *Imprensa alternativa* (Ática) e *Marketing e divulgação da pequena empresa* (Senac).

Deu cursos na Aberje, no Sebrae, na ADVB, na PUC e na USP.

Prestou trabalhos de assessoria de imprensa para grandes, pequenas, médias e microempresas, multinacionais, governos, deputados, vereadores, profissionais liberais, sindicatos e entidades de classe.

IMPRESSO NA
sumago gráfica editorial ltda
rua itauna, 789   vila maria
02111-031   são paulo   sp
tel e fax 11 **2955 5636**
sumago@sumago.com.br

-------------------------- dobre aqui --------------------------

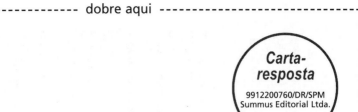

CARTA-RESPOSTA
NÃO É NECESSÁRIO SELAR

O SELO SERÁ PAGO POR

AC AVENIDA DUQUE DE CAXIAS
01214-999 São Paulo/SP

-------------------------- dobre aqui --------------------------

ASSESSORIA DE IMPRENSA

summus editorial
CADASTRO PARA MALA DIRETA

Recorte ou reproduza esta ficha de cadastro, envie completamente preenchida por correio ou fax, e receba informações atualizadas sobre nossos livros.

Nome: _____ Empresa: _____
Endereço: ☐ Res. ☐ Coml. _____ Bairro: _____
CEP: _____ - _____ Cidade: _____ Estado: _____ Tel.: ( ) _____
Fax: ( ) _____ E-mail: _____ Data de nascimento: _____
Profissão: _____ Professor? ☐ Sim ☐ Não Disciplina: _____

1. Você compra livros:
☐ Livrarias ☐ Feiras
☐ Telefone   ☐ Correios
☐ Internet   ☐ Outros. Especificar: _____

2. Onde você comprou este livro? _____

3. Você busca informações para adquirir livros:
☐ Jornais   ☐ Amigos
☐ Revistas   ☐ Internet
☐ Professores ☐ Outros. Especificar: _____

4. Áreas de interesse:
☐ Educação   ☐ Administração, RH
☐ Psicologia   ☐ Comunicação
☐ Corpo, Movimento, Saúde ☐ Literatura, Poesia, Ensaios
☐ Comportamento   ☐ Viagens, *Hobby*, Lazer
☐ PNL

5. Nestas áreas, alguma sugestão para novos títulos?
_____

6. Gostaria de receber o catálogo da editora? ☐ Sim ☐ Não
7. Gostaria de receber o Informativo Summus? ☐ Sim ☐ Não

Indique um amigo que gostaria de receber a nossa mala direta

Nome: _____ Empresa: _____
Endereço: ☐ Res. ☐ Coml. _____ Bairro: _____
CEP: _____ - _____ Cidade: _____ Estado: _____ Tel.: ( ) _____
Fax: ( ) _____ E-mail: _____ Data de nascimento: _____
Profissão: _____ Professor? ☐ Sim ☐ Não Disciplina: _____

summus editorial
Rua Itapicuru, 613 – 7º andar   05006-000   São Paulo - SP   Brasil   Tel.: (11) 3872 3322   Fax: (11) 3872 7476
Internet: http://www.summus.com.br   e-mail: summus@summus.com.br